# 復帰後世代に
# 伝えたい
# 「アメリカ世」に
# 沖縄が経験したこと

池間　一武

琉球プロジェクト

# 日本復帰前

1

## B円からドルへ

戦後の歴史は通貨交換の歴史でもあった。B円がドルに切り替えられたのは、1958年。以後、72年の復帰までドルが使われた＝1958年

2

## 琉球切手

B円切手、ドル表示の切手と、復帰までの間多くの種類が発行された

3

## 琉米親善

ペリー来航の100年にあたる1953年５月26日を「米琉親善日」として、米琉の交流が進められた

4

## パスポート（渡航証明書）

復帰前は、本土各県へ行くにも米民政府の発行する、パスポート（渡航証明書）が必要だった

5

# 米軍統治

6

**高等弁務官**

沖縄統治の最高権力者として、復帰までに6人の軍人がその任に就いた＝1957年

7

**強制土地接収**

米国は必要な基地を造るのに、住民の土地を強制的に接収した。県民は島ぐるみで、土地闘争を展開した＝1950年

8

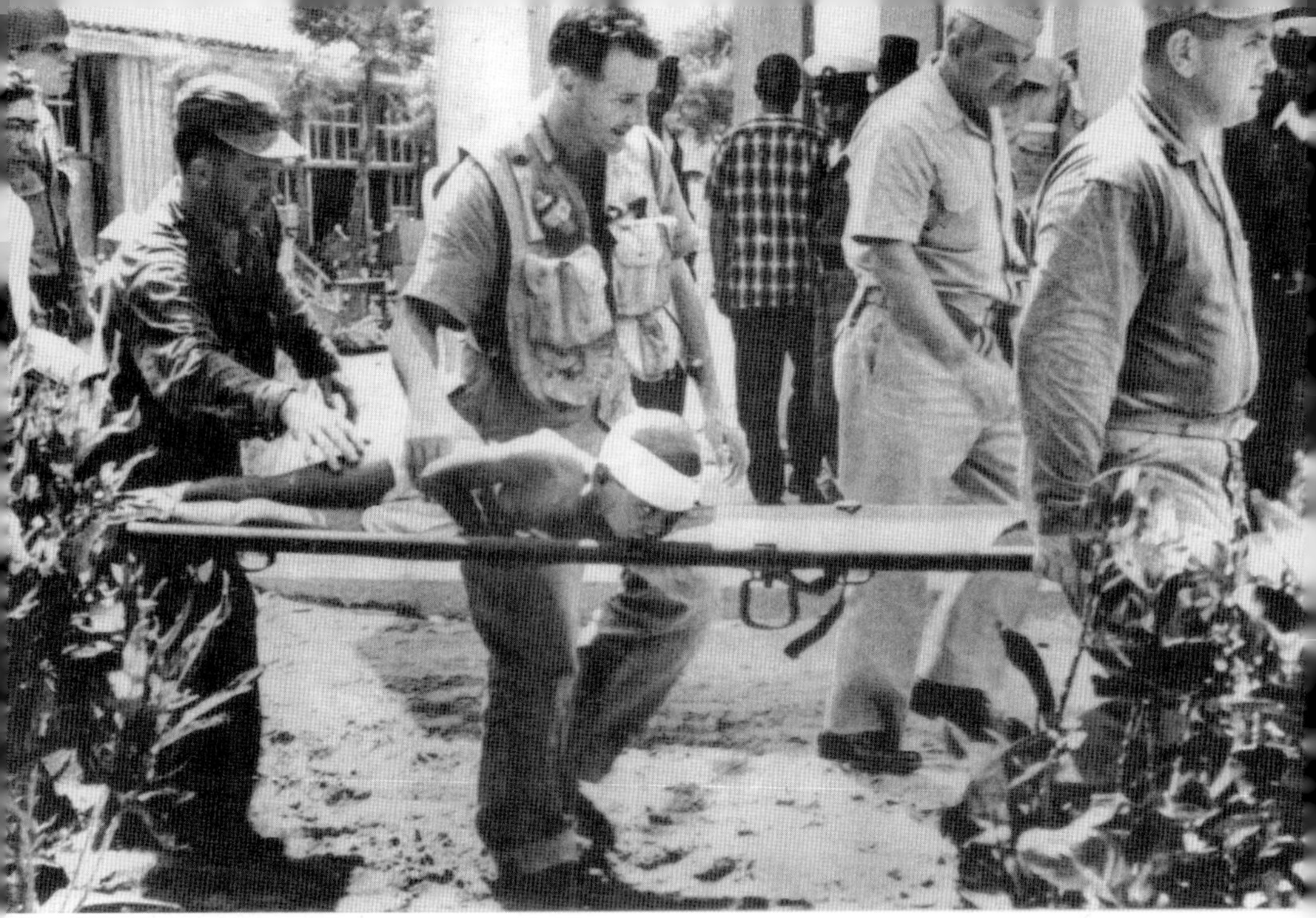

9

## 事件・事故

米軍統治時代には宮森小へのジェット機墜落事故をはじめ、事件事故も多発。県民の不満は高まった。70年12月には、些細な交通事故の処理をきっかけに、軍政への怒りが爆発。コザ反米騒動が起きた

10

# 日本復帰前後

**毒ガス**

米紙の報道によって、沖縄に毒ガス兵器が貯蔵されていることが判明。復帰の前の年に、2次に渡って毒ガス移送が行われた＝1971年

11

**沖縄返還**

戦後27年の米軍統治を経て、1972年5月15日、沖縄の施政権は日本に返還された

12

13

## 大型事業

海洋博、海邦国体、交通方法の変更など復帰直後は、さまざまな事業が相次いだ

14

ナナ・サン・マル
沖縄県
730

## 戦後処理

沖縄戦の砲爆撃で地中に埋まった不発弾の完全処理には、あと70年は必要。戦後はいまだ終わらない

15

# まえがき

戦後史の中で、27年続いた米軍占領時代は、沖縄の社会と県民がかつて味わったことのない強烈な時代でした。この本をまとめるにあたって、「沖縄がアメリカだった頃」をテーマに項目を拾いました。沖縄の日本復帰後44年を迎えていますが、沖縄は今でも米兵犯罪、事件・事故、基地騒音などが相次ぎ米軍基地を取り巻く状況は一向に改善されていないように思えます。

多くの小学生の命を奪った「宮森小学校米軍機墜落事故」をはじめ、「由美子ちゃん事件」などの事件・事故は、米兵による性犯罪が今でも後を絶たないことを考えると、27年続いた「アメリカ世（アメリカユー）」が復帰によって終わったとはとても言いがたいのです。

敗戦の年の1945年から1972年に日本復帰するまでの沖縄は、アメリカ頼みの沖縄社会だったともいえますが、一方で「強制土地収用」に反対し、島ぐるみ闘争を築いた体験は、現在の普天間飛行場の辺野古移設に反対する道標となっています。沖縄県民は理不尽な米軍のやり方に甘んじたわけではなかったのです。「人民党事件」

では弾圧に抵抗しました。現役大統領として初来沖したアイゼンハワー大統領は、県民の抗議の嵐にわずか3時間で去っています。おとなしいと見られていた県民が怒りを爆発させたのは、「コザ反米騒動」でした。米兵車両が多数放火されたものの、死者は一人もいませんでした。

本書では、米兵御用達でもあった「Aサインバー」、琉球（沖縄）が独立国のようだった「琉球切手」、沖縄の帝王と言われた「高等弁務官」、2度3度行われた「通貨切り替え」など米軍政下のさまざまな風景を中心にまとめられています。また、「不発弾撤去」、「遺骨収集」など沖縄戦の後処理がいまだに続いている写真も含まれています。

なお、「沖縄国際海洋博」「ナナサンマル（交通方法の変更）」「若夏国体」「ひめゆりの塔火炎瓶事件」など、復帰後の数年で起きたことも重要な項目として取り上げました。

この本は、「アメリカ世」を知らない中高校生向けに編集されたものですが、それ以上に世代を問わず読まれることを期待したいと願っています。

復帰後世代に伝えたい「アメリカ世」に沖縄が経験したこと・もくじ

## Ⅱ 米軍統治

## Ⅲ　日本復帰前後

# I

# 日本復帰前

# 通貨切り替え

## B円からドル、ドルから円へ

沖縄の戦後の歴史は通貨交換の歴史ともいわれる。沖縄戦が終わって、沖縄全体が収容所状態となり、労働の対価は食糧品であてがわれるなど通貨なしの経済状態が続いた。米軍は占領地で通用する独自の通貨（軍票）を発行した。沖縄ではB円を導入した。すべて紙幣であった。

### ■戦後の法定通貨は 米軍発行のB円

1947年、B円と日本円（新日銀券）の2種類が法定通貨として流通したが、48年、米軍はB円を唯一の法定通貨とした。当時、1ドル、120B円に対し、日本円は1ドル、360円であった。B円の時代は1958年9月で終わり、ドルに切り替えられた。

ブース高等弁務官は58年8月、B円のドル切り替えを発表。9月15日、布令第14号「通貨」が公布され、16

1948年から58年９月▶
まで使われたB円。正式
には「B型軍票」といっ
た。B円はお札のみで、
硬貨はなかった

B円からドルへの交換は、銀行の窓口や、市町村役所に交換所が設置されて行われた＝1958年9月17日、首里

16

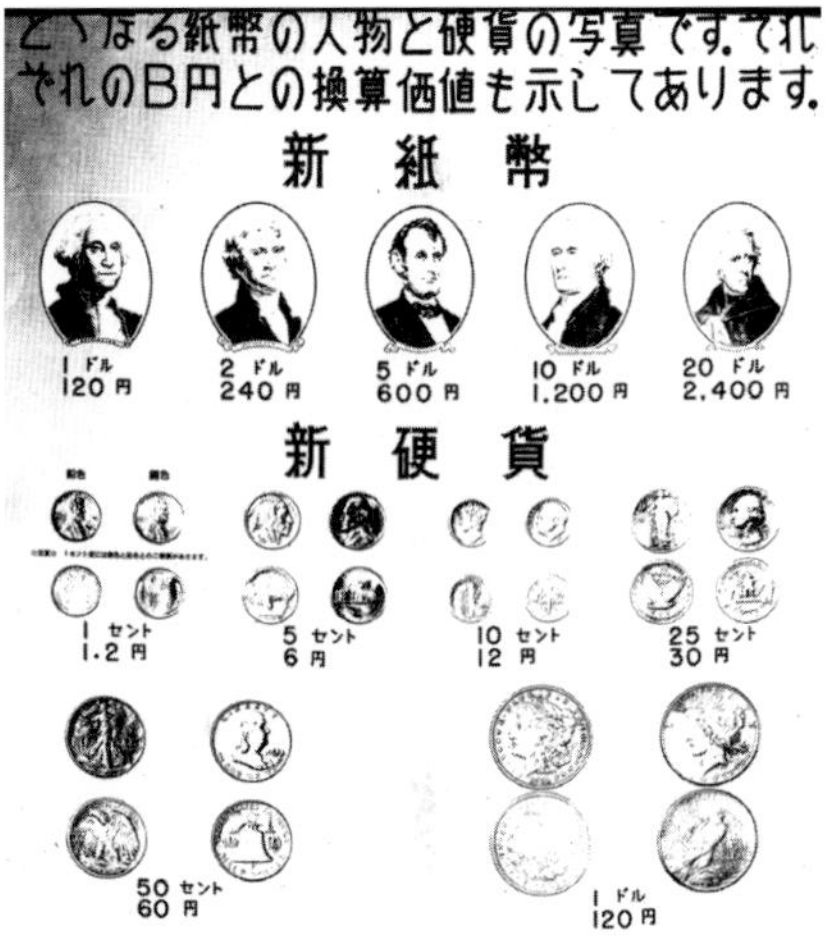


ドル硬貨の種類を示した住民向けのポスター。硬貨の人物の顔を覚えよと啓蒙している＝1958年

17

日から20日にかけて、B円とドルの交換が県内金融機関で行われた。交換高は３５９７万ドル（43億B円）。

## ■日本復帰までの14年間はドル時代

ドル切り替えの理由は、１９５２年の対日講話条約発効後も占領期の軍政通貨を使用していることへの批判、ドル経済圏移行に伴う沖縄経済の発展などがある。沖縄の経済界ではドル経済圏に組み込まれることを歓迎する声もあった。しかし、「米国の占領が半永久化される」「米国による沖縄統治のさらなる強化だ」との懸念の声も続出した。琉球政府の諮問機関である経済審議会もドル切り替え反対の建議書を米民政府へ提出する動きを見せた。１９５８年5月、2代目高等弁務官として沖縄へ赴任したブース中将は、8月23日、通貨

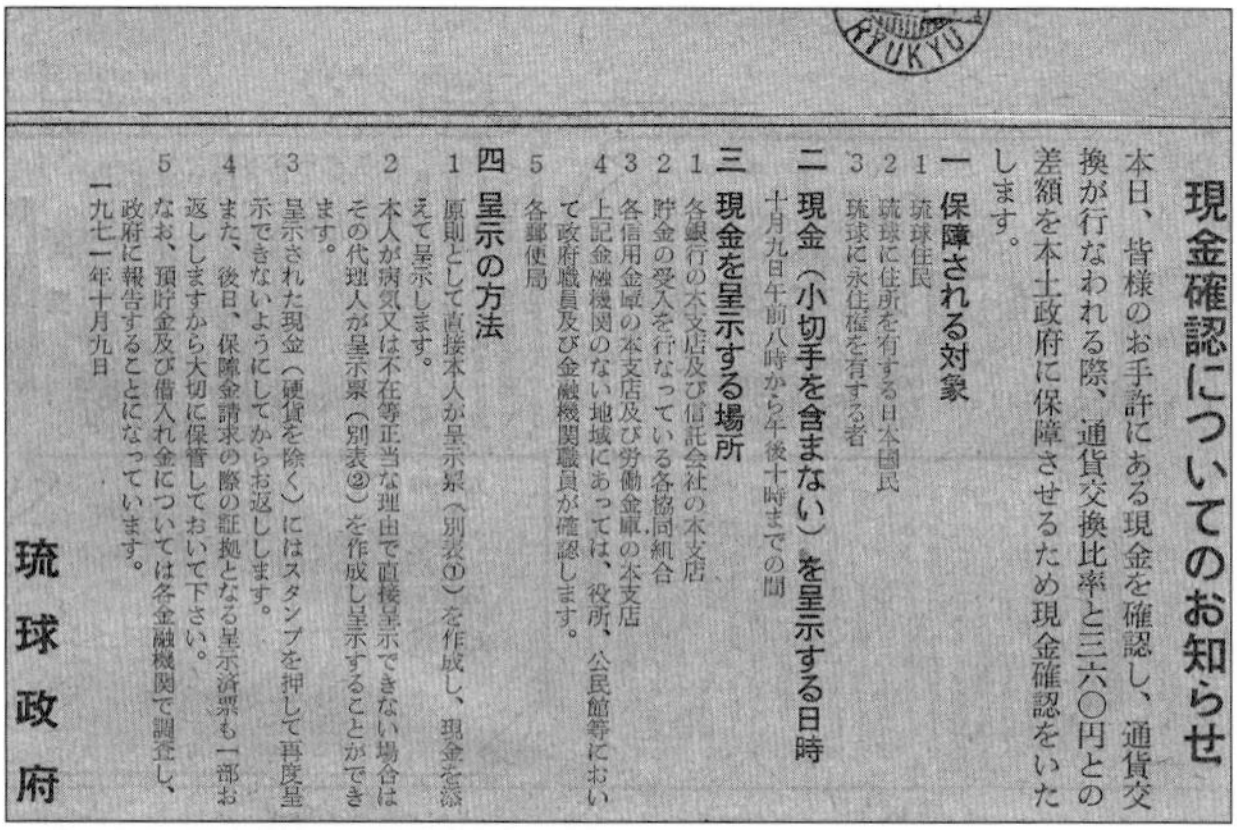

# 現金確認についてのお知らせ

本日、皆様のお手許にある現金を確認し、通貨交換が行なわれる際、通貨交換比率と三六〇円との差額を本土政府に保障させるため現金確認をいたします。

一 保障される対象
1 琉球住民
2 琉球に住所を有する日本国民
3 琉球に永住権を有する者

二 現金（小切手を含まない）を呈示する日時
十月九日午前八時から午後十時までの間

三 現金を呈示する場所
1 各銀行の本支店及び信託会社の本支店
2 貯金の受入を行なっている各協同組合
3 各信用金庫の本支店及び労働金庫の本支店
4 上記金融機関のない地域にあっては、役所、公民館等において政府職員及び金融機関職員が確認します。
5 各郵便局

四 呈示の方法
1 原則として直接本人が呈示票（別表①）を作成し、現金を添えて呈示します。
2 本人が病気又は不在等正当な理由で直接呈示できない場合はその代理人が呈示票（別表②）を作成し呈示することができます。
3 呈示された現金（硬貨を除く）にはスタンプを押して再度呈示できないようにしてからお返しします。
4 また、後日、保障金請求の際の証拠となる呈示済票も一部お返ししますから大切に保管しておいて下さい。
5 なお、預貯金及び借入れ金については各金融機関で調査し、政府に報告することになっています。

一九七一年十月九日

琉球政府

通貨確認を知らせる琉球政府の告示＝1971年10月9日

手持ちのドルを確認してもらうために銀行の前に並ぶ人たち。復帰時のレートとの差額を、個人に限って補償するために、この日一斉に行なわれた

B円をドルに切り替えると発表。交換は9月16日から実施された。以後、1972年5月15日の日本復帰まで沖縄は14年間のドル時代を経験した。ドル経済圏の沖縄は経済的には復興・発展することにもなったが、

18

本土との距離は遠くなった。

米国は長いベトナム戦争に戦費をつぎ込みすぎて、米ドルが危機に見舞われる状況が訪れる。日本復帰を目前にした1971年8月、ニクソン米大統領が新ドル防衛策を発表、いわゆるニクソン・ショックと呼ばれる政策で円は変動相場制に移行することになった。1ドル＝360円の固定相場から50円以上も目減りすると見られ、沖縄住民の間に不安が広がった。本土からの物価は高騰するほか、本土で学んでいる子供への送金も目減りし、県民の手持ちのドルだけでなく資産も目減りすることになる。このため住民からは早く、円に切り替えてほしい、との声もでた。

## ■ドル下落で通貨確認による補償

最終的に取られた救済措置が通貨

日本円を運ぶトラックの列。日本から輸送された円は総額で540億円。紙幣と硬貨を合わせて320トンにもなった。東京から那覇へは、海上自衛隊の輸送船２隻と護衛艦１隻によって運ばれた＝1972年５月

19

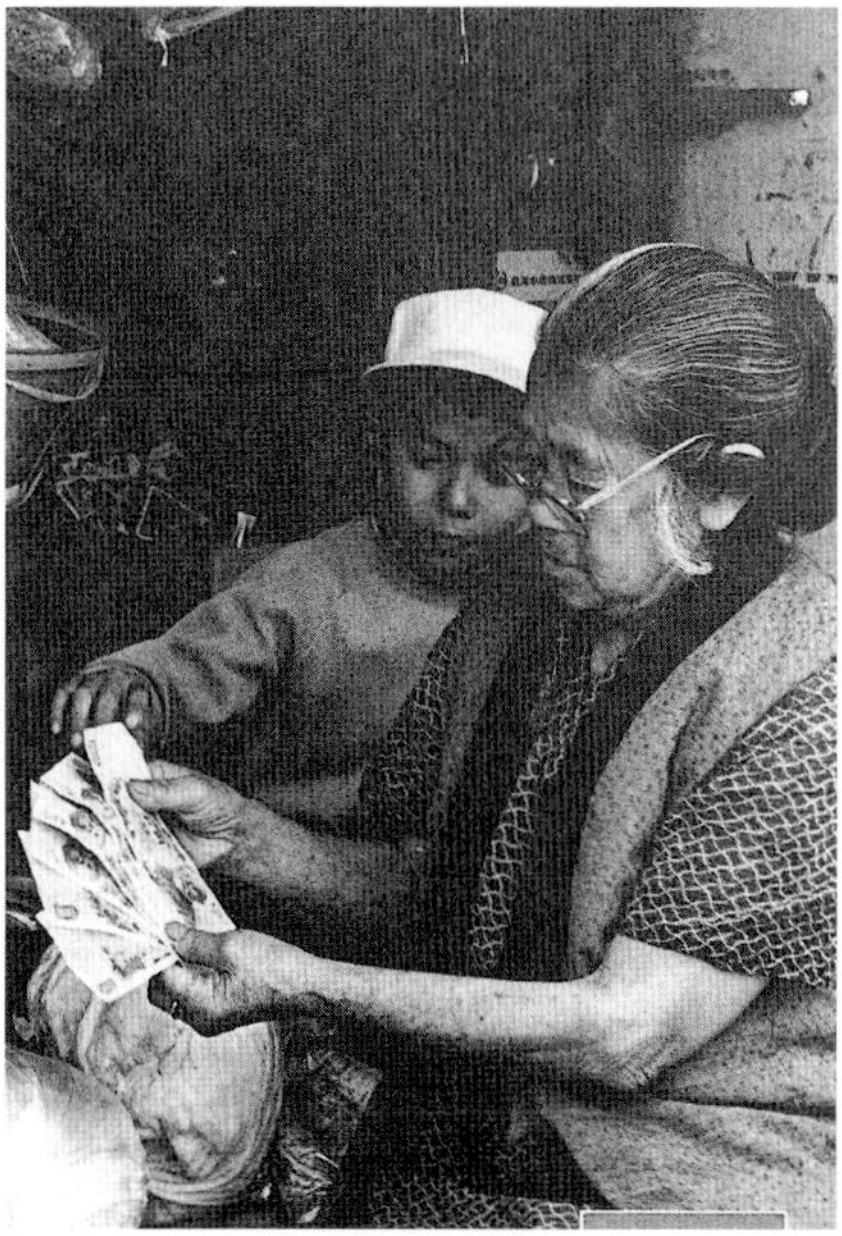

はじめて見る円を手に商売をする婦人。子どもといっしょにお札を確認する＝1972年５月、那覇市

20

確認による補償だった。これは日本政府が、個人が保有するドル（現金のみ）については、360円を補償するというもの。確認は各地の銀行と決められた。

さらに、5月12日、政府は県民が注目・懇願した通貨交換レートを1ドル＝305円とした。屋良朝苗琉球政府主席は、「県民の要求通り1ドル＝360円の交換が実現しなかったのは遺憾である」と会見で語っている。

1ドル＝305円の交換レートは360円を訴え続けた沖縄県民の要求にはほど遠く、基準レートの308円以下でもあった。銀行など公的機関の債務は305円で換算されたが、家賃や地代などは360円で読み替えられて、沖縄の消費者物価が高騰する原因になった。

# 琉球切手

## 人気高く、外貨獲得に大きな役割

守礼門復元記念（1958年）

琉球切手は１９７２年５月15日の日本復帰まで、沖縄で発行された。「琉球郵便」の文字が入っている。ただし、一部切手には「ＲＹＵＫＹＵＳ」とアルファベットのみのものがある。

沖縄戦が終わって、各地で郵便業務が再開されるが、切手は戦前の日本切手が使用されたほか、久米島では謄写版を使った切手が発行された（久米島切手）。

沖縄本島地区では、沖縄諮詢会が発足（１９４５年８月20日）し、逓信部が設置された。９月からは、郵便の取り扱いが再開された。料金はすべて無料だった。翌年７月１日、郵便料金は有料化されたが、切手類は使用されず、専ら料金収納印が使われた。１９４７年10月、正式切手発行までの暫定措置として日本切手とはがきを使用することが許可された。他の地区で使用されている切手と区別するために本土から届いた切手とはがきには、平田通信部長の認印を押して、正刷切手発行（48年７月１日）まで使われた。

宮古地区では、１９４５年12月、米海兵隊が進駐し、軍政を敷く。同月、宮古群島郵便局発足（後に宮古民政府通信部と改称）。切手類は在庫のもの（日本切手）を使用していたが、46年２月から富山通信部長の認印を切手に押したものが正刷切手発行まで続いた。

セグロチョウチョウウオ

ペルリ来琉百年記念（1953年）

モンガラカワハギ

沖縄返還協定批准記念（1972年）

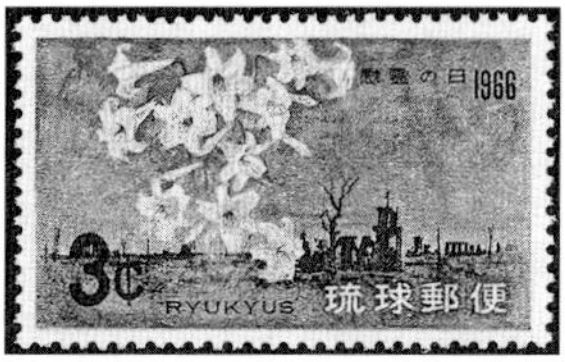


慰霊の日記念切手（1966年）

琉球大学政府移管記念（1966年）

## ■10年間発行されたB円切手

戦後、正式に刷られた切手（正刷切手）は、1948年7月1日発行の「ソテツ（5銭）」「鉄砲ユリ（10銭）」「唐船（30銭）」「農夫（1円）」の4種。金額はいずれも米軍の軍票のB円。これらの切手は、奄美、沖縄、宮古、八重山の群島政府に分配されて使用された。この切手の発行と同時に沖縄での正式な通貨はB円となった。B円切手は通貨がドルに替わる1958年9月までの10年間発行された。

1949年8月、各地区で異なっていた郵便料金や料金収納方法が統一された。さらに4群島政府の郵政組織を統合する必要性から1950年4月1日、全域を管轄する琉球郵政庁が設置された。1951年4月1日、琉球臨時中央政府発足に伴い、

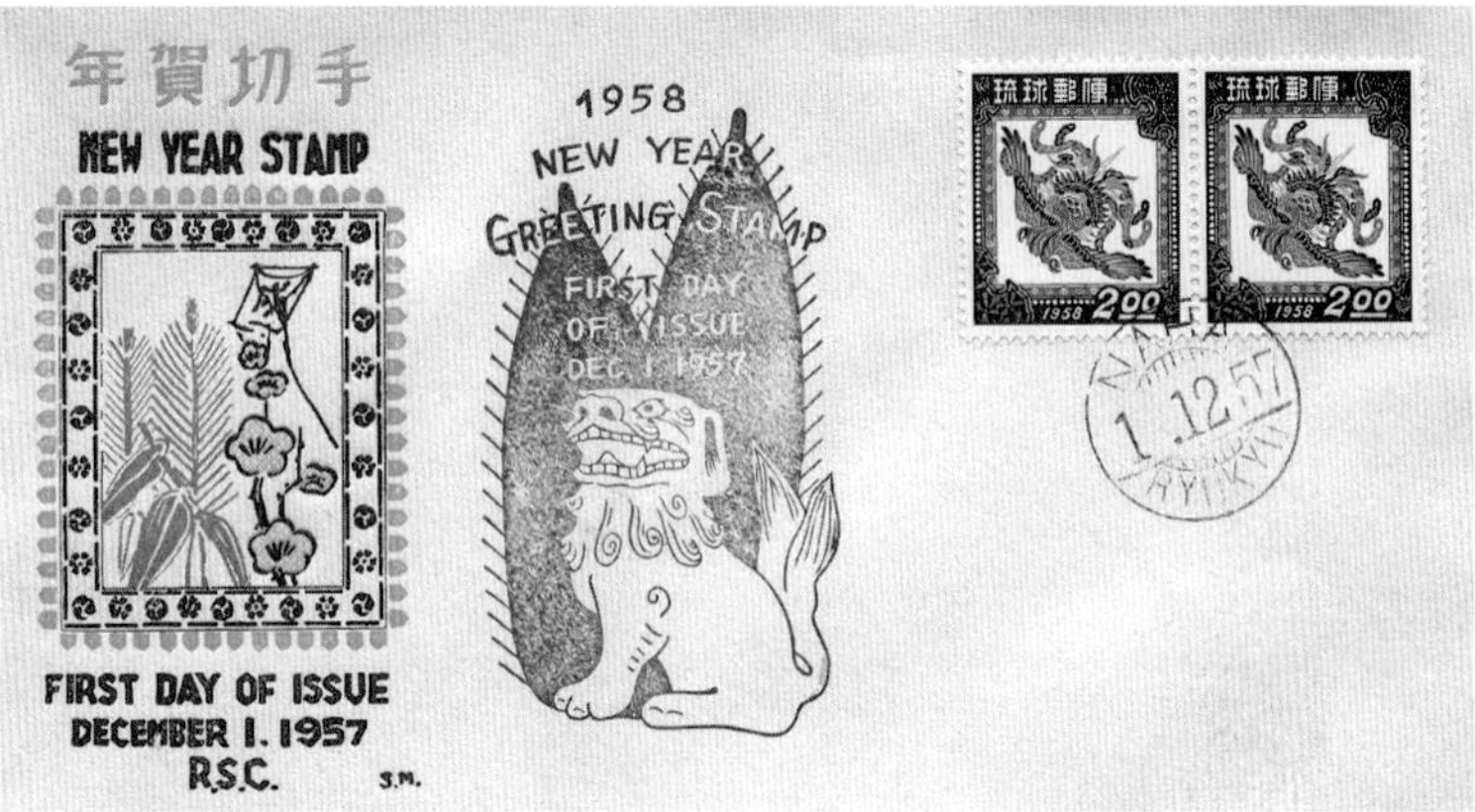


1958年の
年賀切手

1972年4月20日発売の最後の琉球切手「ゆしびん」を求めて、大勢の徹夜組が郵便局の前に殺到した＝1972年4月19日、那覇市与儀

琉球郵政庁は琉球政府郵政局となった。

## ■デザインは県内在住の画家、デザイナー

通貨がドルに切り替わり、琉球切手はドル表示となった。多くは¢（セント）で、郵便が3セント、はがきが1・5セントであった。ドル切手は1972年5月に日本復帰するまで13年余使われた。普通切手、年賀切手、記念切手など種類はさまざまだが、デザイン制作はほとんどが県内在住の画家、デザイナーである。沖縄独自の文化を反映したデザインだけに、琉球切手の人気は高く、外

沖縄復帰の当日、銀座の三越には「復帰おめでとう」の垂れ幕と同時に、「琉球切手即売会」も開催された＝1972年5月15日

22

貨獲得にも大きな役割を果たした。

日本復帰をひかえた１９７１年ごろから、やがてなくなる貴重な切手だ、と本土の一部業者があおったことから新規発行される切手を求めて大行列ができるなど社会現象化した。しかし、１９７３年ごろから大暴落し、損失を抱える者も出た。

不発行切手のひとつに「日米琉合同記念植樹祭記念切手」（１９６７年3月16日発行予定）がある。これは、日章旗が星条旗より上に置かれたデザインに米民政府から苦情が出て、発行を取りやめている。

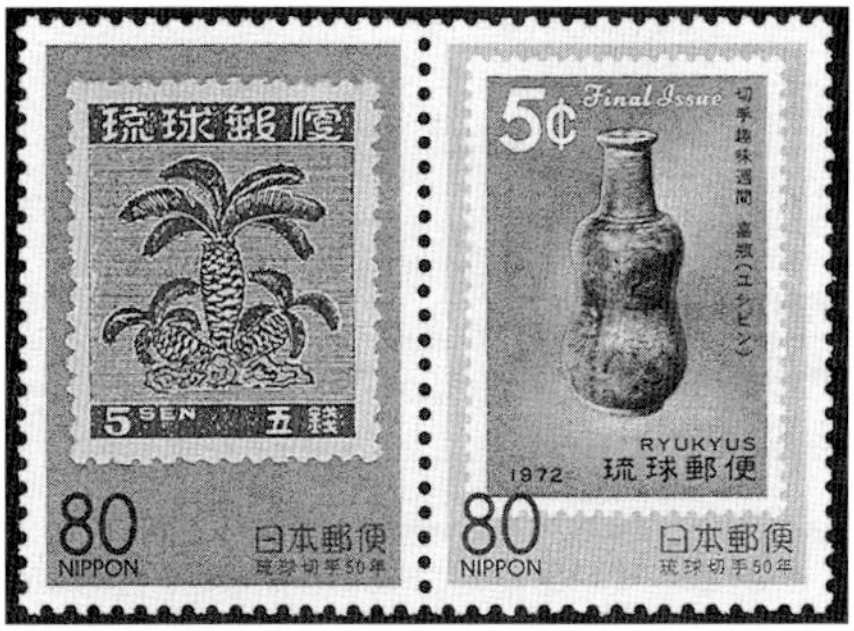


琉球切手が発行されて50年を迎えた1998年、最初の琉球切手「ソテツ」と最後の琉球切手「ゆしびん」をあしらった、ふるさと切手が発行された

# 海外移民
## 〝移民日本一〟の沖縄県

23

日本の移民は1885（明治18）年以降に始まった。地域的には西南日本に偏り、広島・山口県を中心とする瀬戸内地域と熊本・福岡県などの九州および沖縄県に集中している。

特に沖縄県は、他府県に比較して人口にたいする出移民数が圧倒的に多く「移民県」と称され、出移民数、出移民率、海外在留者数、海外在留者送金額など、いずれをとってみても全国首位に近い位置を占めた。沖縄県の人口約125万人に対して、海外に在留する2世～4世を含む沖縄県系人は約30万人にものぼり、これは県人口の24％にも及ぶ数字である。沖縄県移民の世界的分布は、熱帯から亜熱帯地域への移民が大部分を占めている。

### ■1899年に初移民

沖縄の海外移民は全国に比べて14

24

琉球政府による海外移住者募集ポスター

ハワイを訪れた松岡政保行政主席を歓迎するハワイオアフ島の金武村人会の人々。「ハワイ移民65周年記念碑」の前で＝1965年8月、オアフ島

年遅れで始まった。第1回は、1899（明治32）年にハワイへ渡った26人の契約移民。サトウキビ耕地の労働者として3年の出稼ぎ契約移民であった。移民の父といわれる當山久三らの熱心な関わりがあった。続く第2回の移民は、3年後の1903年、45人全員が金武村出身者で、當山引率で那覇港を出発している。沖縄からの移民が史上最高を記録するのは1906年の4670人、その大部分はハワイへの移民であった。

## ■強制土地収用の伊佐浜区民59人も

戦後は、沖縄からの移民は他府県よりも早く、48年にアルゼンチン移民・ペルー移民が再開され、総計3万人余（アメリカ合衆国への戦争花嫁などを含む）が送り出されてい

移民1世も参加して行われた
沖縄県人会のブラジル移民
70周年の式典＝1978年

る。とくに１９５７年以降は、沖縄からの移民にも日本政府の渡航費貸付制度が適用されたため、１９５９年にかけて毎年１０００人以上がブラジルに移民した。その中には農地と集落を米軍に強制収用された伊佐浜区民59人も含まれていた。

一方、海外への計画移民は、１９５４年からのボリビア移民によって実現した。１９５６年以降はオキナワ第1移住地に定着し、その後開かれた第２・第3移住地とともにコロニア沖縄を形成している。

## ■世界のウチナーンチュ大会

沖縄の移民は出稼ぎという経済的要因のほかに、地割制度廃止による新土地制度の施行、移民会社・周旋人・移民指導者の存在、徴兵忌避など社会的要因の占める比重も大きい。移民先においては勤勉で団結心が強

25

ブラジル日本移民70年祭での少年少女鼓笛隊の行進＝1978年　26

く、親睦と資本の形成を兼ねた模合(頼母子講)をおこなうほか、県人会・市町村人会・字人会を結成して助け合う資質が強調されている。

　なお、戦前の出稼ぎ移民から、戦後は永住・定着化を考えた移民へと変遷を遂げてきた。その結果、沖縄県や移民母村と海外在住の県系移民との間で活発な交流やネットワークが形成され、それを支えに1990(平成2)年から他府県では例をみない一国並みの事業とみなされる「世界のウチナーンチュ大会」が開催されている。

# 琉米親善

## 米軍支配の宣撫工作

米軍および米国民政府（USCAR ユースカー）による親善促進活動で、一種の宣撫《せんぶ》工作である。占領初期のころの活動は、子供らへのプレゼントや行事の開催など各地で任意に行われている。1950年12月、米国民政府が発足すると組織的に進めるようになった。

1853年5月26日、ペリー艦隊が日本に向かう前に琉球に来航したことを記念し、100年後の1953年5月26日を米琉親善日に定めた。街頭パレードや米軍対琉球の各種スポーツ競技などさまざまな記念行事が行われた。その後、5月26日前後1週間を米琉親善週間と定めた。

27

### ■機関誌、宣伝紙を発行

1950年代後半には、自治体ごとに琉米親善委員会が組織され、官民合同の親善活動を推進した。1960年代には、米陸海空軍、海兵隊に親善活動対象地が割り当てられ、積極的にボランティア活動をした。その内容は『今日の琉球』（1957年創刊）『守礼の光』（1959年創刊）等の米国民政府発行の機関誌・宣伝誌で紹介された。

『今日の琉球』『守礼の光』はいずれも月刊誌で、無料配布された。米国民政府の文化施設だった琉米文化会館でも無料で入手できた。『今日の琉球』は米国民政府の宣伝、施策の解説、琉米親善活動の記事が多く、『守礼の光』は米国の文化や歴史、

ペリー提督来島113年を記念して行なわれたセレモニー＝1966年、那覇市首里

米軍の宣伝用に発行された『今日の琉球』と『守礼の光』。いずれも月刊で発行された

米琉親善の野球大会の試合に見入る米琉の関係者＝那覇高校グラウンド

沖縄文化の紹介に力を入れた。

## ■沖縄統治の強化図る

1960年代はベトナム戦争が激化したほか、日本への復帰運動が高揚した。沖縄を米軍基地として無期限に統治したいという米国は、両誌の発行によって宣伝による沖縄統治を強化しようとした。『守礼の光』は東南アジアの共産勢力へ向けてプロパガンダをしていた米陸軍第7心理実戦部隊が沖縄で編集した。両誌では「沖縄住民は日本人とは別民族」であることを強調し、沖縄は「琉球」、沖縄住民は「琉球人」と表記し、琉球文化の積極的な紹介にも努めた。

文化施設として琉米文化会館が名護市、石川市（現うるま市）、那覇市、平良市（現宮古島市）、石垣市、名瀬市（現奄美市）に設置された。米国民政府のアメリカ型文化施設

５月26日の「琉米親善記念日」にアメリカ人と地元住民とが共同で開催した柔道大会＝1953年５月26日、那覇市

29

28

30

糸満町に琉米文化会館が完成。町内の小中学校のブラスバンド隊が参加し、町内をパレードした＝1967年

で、図書室、集会室、ホールがあった。復帰時に日本政府が買い上げし、各自治体に譲渡された。琉米親善センターは、コザ市（現沖縄市）、糸満町（現糸満市）、座間味村にあった。こちらは、自治体の施設で、米国民政府の援助と地域住民の寄付で設置された。これらの施設は、復帰後も文化会館や図書館として本格的な図書館、市民会館ができる間、地域住民に利用されている。

# 遺骨収集

## 沖縄戦はいまだ終わらない

31

沖縄戦では沖縄県民、他府県出身の軍人のほか、米兵、朝鮮人、台湾人らも死亡した。米軍の場合は、戦場で死亡した兵士は丁重に扱われ、放置されることはなかったが、戦場が沖縄本島南部に移ったころからは、日本側の戦死者の多くは、埋葬されることもなく、艦砲でできた穴や、山野に野ざらしになった。

### ■戦後のスタートは遺骨収集から

戦争が終わり、収容先から元の居住地へ戻ってきた人々が最初にやったことは、山野・畑に散らばった遺骨の収集である。肉親の手で埋められた遺骨は掘り出され、墓などに納められたものの、多くの遺骨は身元不明が多く、村単位、あるいは集落単位で収骨され納骨堂、慰霊塔が建てられた。糸満市米須の魂魄の塔は、

沖縄戦では20万人以上の人的被害を出した＝1945年

真和志村民らによって遺骨が納
められた魂魄の塔＝1946年

米軍の命令によって移住させられた真和志村民らが周辺に散らばっていた遺骨を納めた。実に3万5千柱の遺骨といわれる。

## ■未収遺骨は3000柱

1956年、全国遺族会などの強い要望で、沖縄での遺骨収集が本格化した。国は当時の琉球政府に遺骨収集業務を委託した。1972年度からは沖縄県が引き継ぎ、原野の開発などで見つかった遺骨の収集にあたった。埋没壕など発掘が難しいものは、復帰以降、厚生省（現厚労省）が年次計画で収集業務を実施している。本来、国の業務だが、遺族会、宗教団体などのボランティアによる収骨作業も長年行われている。2014年現在、未収骨遺骨は約3千柱に上ると見られている。

1979年、糸満市摩文仁に国立

沖縄戦没者墓苑が建立され、各地の慰霊塔、納骨堂から遺骨を移した。その後、収集された身元不明の遺骨も墓苑に納められている。

## ■DNA鑑定で身元を特定

沖縄戦で戦死した他府県出身者の軍人らは、全国に及んでおり、県内には全都道府県別の慰霊の塔が建立され、毎年のように慰霊祭が行われている。

沖縄戦だけでなく、戦死した軍人の遺族にはほとんど遺骨が戻らなかったことも太平洋戦争の特徴だ。県内でも収集された遺骨が軍人なのか、あるいは住民なのか、身元不明のケースが多く、たまに名前入りの万年筆、印鑑、認識票などがあったことで身元を特定できる遺骨もある。最近では遺骨収集ボランティア団体ガマフヤー（具志堅隆松代表）がDNA鑑定が可能な遺骨は、身元を特定できることから鑑定推進を国へ要請している。

山野で見つかった遺骨がすべて戦争に関係しているわけではないので、まず遺骨が見つかると、警察へ

33

35

通報され、事件性がないと判断された後、戦没者遺骨収集情報センター（糸満市摩文仁の沖縄平和祈念財団）に預けられる。医師の鑑定の後、遺骨と判断されたものは、焼骨し、国立沖縄戦没者墓苑へ納骨される。

34

36

写真４点とも、糸満市宇江城での遺骨収集の様子＝1966年

# パイプライン

## 米軍のジェット機用燃料送油線

パイプラインとは、在沖縄米軍の燃料用送油線のことで正式名称は陸軍貯油施設。8カ所のタンクファーム、2カ所のブースター・ステーション（軍施設）とこれらを連結するパイプラインから構成された。

### ■油流出事故も相次ぐ

1945（昭和20）年の沖縄戦の後、米軍の占領下におかれた沖縄に次々と軍用施設が建設された。1952（昭和27）年に敷設された油送管もそのひとつで、那覇軍港から北谷村桑江の軍施設にかけてジェット機用燃料を送油するための鉄製油管3本が地下（場所によっては地上や海底にもあった）に埋設された。この管の敷設された道路は通称「パイプライン」と呼ばれ、那覇～読谷間5市2町1村にまたがっていた。周

37

パイプラインの埋められた道路の各所には、コンクリート製のバルブボックスが設置されていた＝1976年、那覇市

住宅密集地の道路の下から顔をのぞかせた３本の送油用パイプ＝那覇市　38

辺は住宅・学校・病院・道路などが隣接する住民地域であり、油流出事故も再三発生して、環境的にも都市計画上などの点からも問題になっていた。

日本復帰後に民間地域からの撤去を求める声が高まり、１９７６年７月の第16回日米安全保障協議委員会で、嘉手納～読谷間４万１０００㎡の撤去、那覇～宜野湾間の移設などの整理統合計画が策定された。米軍は１９８５（昭和60）年６月30日に内間～伊祖間、１９９０（平成２）年12月31日に伊祖～牧港間を返還した。

■浦添の「パイプライン通り」

パイプラインは那覇市、浦添市、宜野湾市をつなぎ、主要幹線道路の国道58号と国道３３０号の間に位置する路線で、当該道路は那覇市、浦

国場川を渡って奥武山へと延びるパイプラインを通すための橋＝那覇市

39

添市および宜野湾市の各市で管理されていたが、1998（平成10）年4月に一般県道那覇宜野湾線に昇格し、県が管理する道路となっている。

復帰後のパイプラインの呼称は、県道251号那覇宜野湾線の那覇市銘苅以北の区間の通称（パイプライン通りとも）を指す。米軍占領下の時期、浦添市内では内間、大平、伊祖、牧港の地中に埋設されていた。その後、市道として認定された道路は、1989（平成元）年2月8日、「浦添市道路愛称選定委員会」により「パイプライン通り」と命名（現在は県道251号線）された。現在、那覇市銘苅～浦添市伊祖、宜野湾市大謝名の一部区間は道路整備されて大幅に道路状況が改善された。

壺川の流油事故で復旧処理する米軍関係者＝1976年、那覇市 40

壺川で起きたパイプラインの油流失事故＝1976年、那覇市 41

# Aサイン

## 米軍公認の営業許可証

「Aサイン」（A Sign）は、本土復帰前の沖縄で米軍公認の飲食店・風俗店に与えられた営業許可証で、AはAPPROVED（許可済み）を意味した。デザインは、米四軍のマークに大きくAの文字が染められていた。

### ■風紀取り締まりでMP巡回も

「Aサイン業者」とは、米軍人軍属が立ち入ってもいいという許可証を受けた飲食店・風俗営業・ホテル業者のことで、公認の店は許可証か、APPROVEDの頭文字「A」を

1953年〜1972年

42

43

Aサインの店が軒を連ねる、コザの照屋から泡瀬に抜ける通り＝1958年、コザ市

店の入り口に大きく「Aサイン」を掲げた飲食店＝コザ市

店内外に大きく表示して営業した。

制度が発足したのは1953（昭和28）年で、米軍風紀取締委員会による衛生基準に適合した施設に営業許可が与えられ、A文字の赤表示はレストラン、青はバーやキャバレー、黒は加工食品関係と区分された。

Aサイン制度の内容や評価には変遷があったが、制度の目的自体は米軍統治期間を通してほぼ一貫していた。制度の主な目的は、沖縄の風俗・飲食店などから米兵やその家族の健康を守るための衛生管理と店舗の適合基準を設けることにあった。特に危惧したのは飲食店や風俗店における売春を介した性病感染だった。衛生基準はかなり厳格で、店はコンクリートづくり、トイレはタイル貼り、ペーパータオルまたは衛生的なタオルが備え付けられ、道路は舗装されていること、店全体に渡って清掃が行き届いていること、使用人は週一回、保健所で性病検査を受けなければならない——などの規定があった。取り締まりのため、ＭＰ（米憲兵隊）が風紀業者の店舗を一軒一軒精査したとも伝えられている。

44

## ■厳しい設置基準で大幅に店舗減少

Ａサイン制度による性病予防は、米軍風紀取締委員会が売春や性病を直接規制していたわけではないため減少効果があったとはいえず、米軍が監督するＡサイン店を「浄化」することに一定の効果はあったが、規制としては名目的なものであったとの調査報告も出ている。

１９５８年に許可検査の権限を琉球政府に移したが、１９６２年には再び米軍に移管された。翌年の１９６３年から設置基準を厳しくしたため、業者は多額の設備投資を迫られるなどの影響を受けた。さらに米軍は、米兵の立ち入り禁止令（オフ・リミッツ）を乱発したため業者は窮地に陥り、廃業を余儀なくされた。統計をみると、店舗数は１９６２年に１０７０軒だったが、設置基準の強化で１９６４年９月には６００軒と大幅に減少している。

Ａサイン制度は、沖縄返還直前の１９７２年４月15日に廃止されたが、復帰後も記念碑的な意味を込めて店内に飾っている業者が多い。

Aサインバーの店内。額に入った営業許可証の「Aサイン」が壁にかけられている

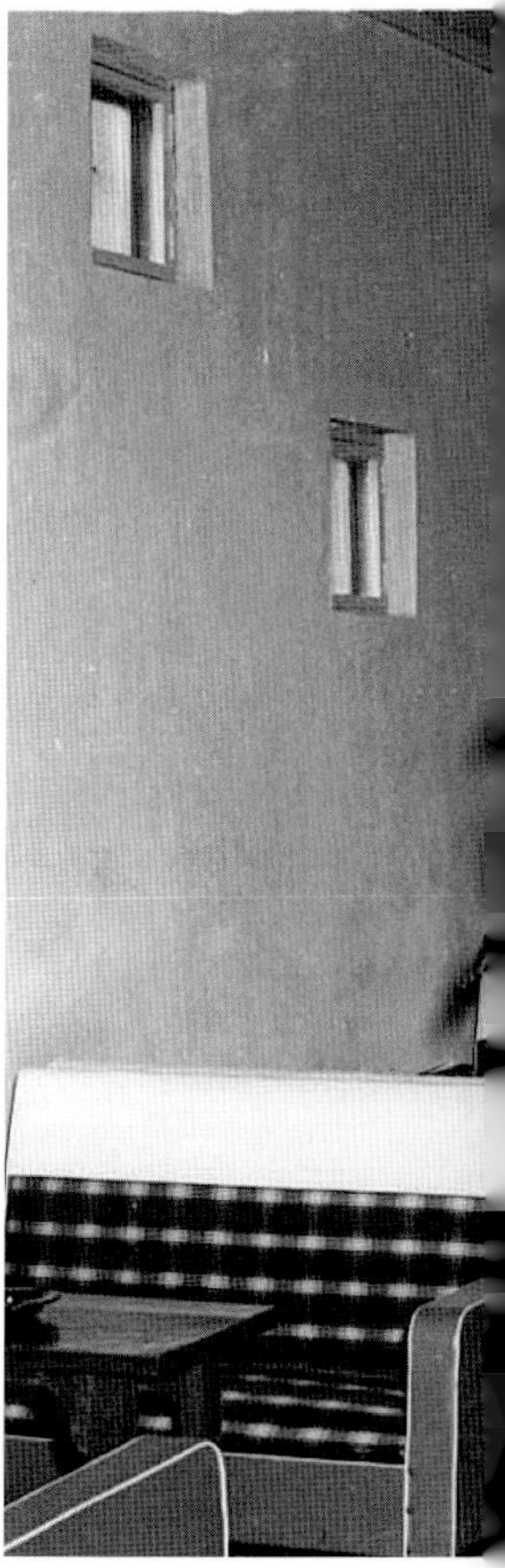

Aサインバーと和服のホステス
＝コザ市

45

# 布令弁護士

## 法曹資格者不足のため特別に養成

復帰前の沖縄では、戦前の高等文官試験司法科（現在の司法試験に相当）の合格者のほかに、米民政府によって制定された「琉球民裁判所制」（米国民政府布告第12号）や「民裁判所制」（布告第38号）、立法院制定の「弁護士法」（1967年）などに基づいて資格を取得した弁護士がいた。これらの弁護士を日本の法令に基づいて資格を取得した弁護士と区別して通称「布令弁護士」と呼んだ。

### ■沖縄戦で弁護士が皆無に

背景には、沖縄戦で法曹資格者が死亡したり本土に疎開したため、戦後の沖縄では弁護士の有資格者が皆無の状態となったことがあげられる。さらに「琉球民裁判所」や「米国民政府裁判所」の設置など司法制度が施行される現実的要請から法律家の養成が緊急の課題となっていた。そのため米国民政府は必要上、弁護士になる要件を緩和して日本の司法試験に合格しなくても弁護士になれる規定を設け、需要を満たした。

規定では、たとえば「琉球民裁判所制」では法律事務所職員や琉球政府の法務局職員で実務経験が2年以上あれば、弁護士としての資格が付与された。また、琉球諸島のいずれかの裁判所の判事および検事の職に少なくとも5年以上在職した者とか、琉球法曹会試験局による試験に合格した者に資格を与えたほか、大学の法学部卒業後2カ年（1968年以降は5年に延長）、裁判所書記官・検察事務官などの実務経験を有する者にも資格を与えた。

### ■特別措置で弁護士救済

復帰前の沖縄の弁護士資格がほかの制度や本土と比較して容易に資格が得られたことから、日本復帰が現実に迫った際に問題になったが、一方で同制度は異民族支配下の複雑な法体制のもとで沖縄特有の民・刑事事件を処理し、社会の秩序と住民の権利を守ってきたとの評価もあり、復帰に伴う「法曹資格特別措置法」(「沖縄の弁護士資格者等に対する本邦の弁護士資格等の付与に関する特別措置法」(昭和45年法律第33号))で救済が図られた。

その内容は、復帰するまでの間に限り、法務省の司法試験管理委員会(現在の司法試験委員会)が、法曹として必要な学識およびその応用能力があるかどうかを判定するための選考・試験および講習を実施した。なお、この選考・試験および講習を受けなかった者や不合格だった者については、さらに沖縄県の区域内に限り「沖縄弁護士」の肩書で弁護士業務が認められた。

米軍統治時代、さまざまな機能が集中した政府ビル。米国民政府、琉球政府、立法院、司法院で構成されていた＝1965年 46

# パスポート（渡航証明書）

## 反米活動家には拒否

１９７２年５月15日、沖縄が日本へ復帰するまで、沖縄から本土へ渡航するときにパスポート（渡航証明書）が必要だった。米国が統治する琉球列島住民であることを証明するもので、統治責任者である高等弁務官（琉球列島米国民政府）が発給した。

パスポートと同様の使用方法で、出入国の際は入国審査官がスタンプを押した。沖縄から本土へ入国する際には、「日本国への帰国を証する」、沖縄へ帰る際には「日本国からの出国を証する」とのスタンプが押され

47

琉球政府の出入管理部業務で、渡航証明書を確認する職員＝1961年6月29日

48

日本渡航証明書。日本本土に行くものは誰でも、米国民政府の発給する渡航証明書が必要であった。左上は1955年頃のもの。本土への渡航手続きは復帰の時点まで継続された

た。沖縄側のスタンプは、本土へ那覇港から出発した場合は英語で「琉球から出た。那覇港。入管事務所」、本土から帰島した場合は「琉球に入った。那覇港。入管事務所」とのスタンプが押された。

## ■拒否され続けた人民党委員長

通常パスポートと言っているが、実際に発行された渡航証明書には、パスポートの文字はない。表紙には「JAPAN TRAVEL DOCUMENT」（日本渡航証明書）とある。

日本渡航証明書に関する注意が書かれている。4点目に「本証明書は、名義人が転籍、婚姻、養子縁組又はその他の事由により琉球の戸籍を失った場合には、その効力を失う」とある。いわゆる県内在籍の住民に対して発行されたもので、本土への

就職、大学進学などに必要であった。米軍は発給権限を利用して米軍・米国に好ましからざる人物には発給を拒否した。瀬長亀次郎沖縄人民党委員長は何度も拒否され、やっと給付されたのが１９６７年半ばのことである。発給拒否は理由が明らかにされないことが多く、親の死に目に会えない人もいた。

## ■親の死にも立ち会えず

１９６３年当時、沖縄人民党の婦人部長をしていた中石俊江さんは、東京で行われる４・28大会に沖縄代表として上京することになっていたが、理由不明のまま渡航許可が下りなかった。中石さんは渡航申請の事務所前に２日間座り込みをしたが、下りることはなかった。中石さんは東京出身で、１９５９年、結婚のため来沖した。１年後に東京の実家の父が亡くなった。しかし、パスポートは拒否された。親の看病もできず、死に目にも会えなかった。

元県議の中根章さんもパスポートが下りなかった体験を持つ。中根さんは１９５８年から１９６２年コザ市議をするまで下りなかった。中根さんは１９５８年、県原水協をつくり、６つの要求実現のために闘うという綱領をつくる。パスポートを必要としない「渡航の自由」も要求のひとつだった。

本土から沖縄へ行くときは南方諸島渡航証明書（身分証明と入域許可証）を発行してもらいパスポートに代えて使用した。一方、外から来沖する人物が反米的と判断された場合もパスポートが下りなかった。社会党、革新的労働団体、進歩的な学者、教授も発行を拒否されることが多かった。

１９６７年、佐藤首相とジョンソン大統領が日米共同声明を発表し、日本復帰が確実になって、渡航証明書の発行者名義は日本政府に移った。

日本復帰が確実になってはじめて、パスポートの発行者が日本政府となった。パスポートを手にする松岡政保行政主席夫妻＝1967年８月16日

# Ⅱ 米軍統治

WELCOME
PRESIDENT EISENHOWER
トリスウイスキー
Whisky
FIC ENTERPRISES

# 強制土地接収

## 「銃剣とブルドーザー」で奪う

　1949年5月、米国は沖縄の長期保有を決定した。10月、コリンズ米陸軍参謀総長が来日し、「沖縄の無期限保持、在日米軍の長期滞在」を言明。米軍が戦時中に建てた施設は1948年、49年の台風でほとんど全壊した。1950年から52年にかけて米国は恒久基地建設のために2億7000万ドル以上の莫大な資金を投下した。東京のGHQ（連合軍総司令部）は、50年2月、「沖縄に恒久的基地建設を始める」と発表。翌3月、清水建設、竹中工務店、飛島組など21社が沖縄視察で来県した。基地建設は国際入札で行われ、日本企業だけでなく、米国企業、沖縄企業も参加。1950年代の沖縄経済は、米国の莫大な基地建設費が流れ込み、基地依存経済となった。

　これまで米軍が接収してなかった民間地も基地建設の対象地となった。50年代に行われた土地接収は「銃剣とブルドーザー」に象徴される暴力的なものだった。50年6月、真和志村天久、上之屋で住民に立ち退きが勧告される。51年6月、北中城村喜舎場、読谷村楚辺で立ち退き勧告。52年具志川村昆布で立ち退き勧告。52年2月、読谷村、トリイ通信施設用地の強制接収が始まった。同年10月、真和志村銘苅、安謝、平野、岡野の4集落に対し、12月10日までの土地明け渡しを通告。

### ■「沖縄を無期限に管理」と言明

　53年4月、米民政府は、布令109号「土地収用令」を公布した直後に、真和志村に武装米兵を出動させ、土地を強制収用した。さらに同年12月には小禄村具志に武装米兵300人を出動させた。立ちはだかった具志住民を米兵は強制的に排除した。54年1月、アイゼンハワー米大統領は年頭一般教書で「沖縄を無期限に管理」と言明。

　米軍による土地収奪はとどまるこ

50

「金は1年土地は万年」ののぼりを掲げて土地接収に反対する伊佐浜の住民＝1955年7月、宜野湾

土地接収で調査が入る伊佐浜の住宅＝1955年

51

とがなかった。54年3月には、米民政府は地代の一括払いの方針を発表したほか、米陸軍は「沖縄で、軍用地1万８０００ヘクタールを買い上げ、３５００世帯を八重山へ移住させる」と発表した。

55年3月、宜野湾村伊佐浜に武装米兵が出動し、座り込んだ住民を強制排除した。続いて伊江島真謝区を接収するために３００人の武装兵を上陸させ、家屋へ火を放ち、ブルドーザーで土地をならした。住民はテント小屋での生活を強いられた。琉球政府は生活補償費、飲料水運搬費を支給していたが、米軍の命令により4月で打ち切られた。伊江島住民は実情を訴えるため、琉球政府へ陳情、座り込みのほか沖縄本島を行進（乞食行進と言われた）した。新聞報道で真謝区民の窮状を知った東京都の高校生黒田操子さんは手紙を送り激励した。さらに伊江島へ図書を贈る運動を始めたほか、56年1月、伊江島を訪問し、歓迎された。伊江島の城山には黒田さんを称える「沖縄の太陽」の碑がある。

5月、立法院は土地問題4原則（①土地の買い上げまたは永久使用、土地使用料の一括払い反対②適正な補償、土地使用料の毎年支払い③適正な損害賠償④新規土地接収反対）を全会一致で確認。さらに軍用地問題解決促進住民大会が開かれた。また、比嘉秀平主席らは4原則による土地問題折衝のため渡米した。10月、プライス調査団（米下院軍事委員会派遣）が来沖し、現地調査。年が明けて56年5月、沖縄側の土地問題4原則を否定するプライス勧告が発表された。

## ■島ぐるみ反対闘争へ

沖縄側もアメリカに抵抗した。立法院、行政府、市町村長会、軍用土地連合会の4者協議会は「プライス勧告阻止、領土権死守、鉄の団結」を決議し、「4原則貫徹本部」を設置。5月以降、県内50余市町村で「プライス勧告反対、軍用地4原則貫徹住民大会」を開催し、島ぐるみ闘争へと発展した。高校生も立ち上がった。6月29日、那覇高校生1600人が「那覇高校4原則貫徹総決起大

53

国際通り国映館前の「プライス勧告粉砕」の横断幕＝1956年6月、那覇市

52

接収された土地に建つ米人住宅＝1957年、天久

会」を開催したのを皮切りに同運動は全高校へ広がり、7月、那覇高校で開催された大会には10数万人が参加した。8月、米軍はコザ地区への米軍人らの立ち入りを禁止（オフリミッツ）を発令して対抗した。

57年1月、レムニッツアー琉球列島民政長官は「米国の既定方針は1年ごとの賃借料支払いではなく、各地主に対する土地買い上げ価格相当額の一括払い」と発表し、沖縄でも金融機関は一括払いを支持し、預金の勧誘に動いた。しかし、反対の動きは収まらず、58年3月、ムーア高等弁務官は琉球政府首脳と会談し、一括払いの中止を発表した。一括払い方式が毎年払いに改められ、島ぐるみ反対闘争・軍用地問題をめぐる混乱が収拾したのはムーアの後任ブース高等弁務官時代に（58年5月就任）になってからである。

# 屈辱の日

## 沖縄の米軍占領支配続く

1952年4月28日

1952年4月28日、「サンフランシスコ平和条約」が発効し、太平洋戦争に負けて連合国に占領されていた日本は国際社会に復帰した。しかし、沖縄は日本から切り離されて引き続き米軍の占領支配が続くことになった。4月28日のこの日を沖縄では「屈辱の日」と呼んだ。

1945年4月1日、沖縄本島に上陸した米軍は、5日ミニッツ布告を公布した。以後、沖縄は米軍の占領の下に置かれ、日本と事実上切り離された。沖縄の戦後は米軍の統治政策に従ってスタートした。日本は米軍を中心とした連合軍の占領下に置かれ、GHQの指導のもとに民主化政策が次々と展開された。

■日本の独立と引き換え

1951年9月8日、米国サンフランシスコ市で対日平和条約が締結された。これは日本国と米国をはじめとする連合国諸国との戦争状態を終結するための条約で、日本はやっと占領状態を脱し、独立を果たした。条約の内容に「領土の放棄」または「信託統治への移管」がある。日本の領土の中には、日露戦争後に植民地になった朝鮮、ロシアから割譲した南樺太、日清戦争後に清（中国）から割譲した台湾、第一次世界大戦後にドイツ領から日本の信託統治になった南洋群島（サイパン、パラオなど）があったが、いずれも独立承認、領土の放棄、国連への信託統治移管などが決められた。

サンフランシスコ平和条約の調印＝1951年9月8日 54

## ■天皇メッセージも関与

沖縄に関しては、第3条で、「北緯29度以南の南西諸島や小笠原諸島などをアメリカ合衆国の信託統治領とする」と決められ、米軍による沖縄占領を追認した。1879年の琉球併合から72年目のことである。また、昭和天皇が側近を占領軍司令官のもとに遣わし、「沖縄が引き続きアメリカ占領下に置かれることを希望している」旨の天皇メッセージも深く関係している。

55
サンフランシスコ平和条約に署名する吉田茂首相＝1951年9月8日

占領軍による土地の収奪、人権侵害、事件・事故の多発などで沖縄では日本へ復帰する動きが高まっていった。1960年4月28日、沖縄県祖国復帰協議会（復帰協、屋良朝苗会長）が沖縄自民党を除く、全政党、教職員会、国公労など17団体によって結成され、平和条約第3条の撤廃など基本政策を決めた。1961年4月28日、沖縄復帰協は那覇市で第1回屈辱の日祖国復帰県民総決起大会を開催、以後復帰した年の1972年まで続いた。なお、奄美大島は1953年12月25日に復帰、小笠原諸島は1968年6月26日に復帰した。

## ■政府は「屈辱の日」を知らず

2013年3月12日、政府は日本が主権回復し、国際社会へ復帰した60年の節目を記念するとして政府主催記念式典開催を閣議決定した。政府は沖縄の「屈辱の日」を知らず、4月28日、政府主催の記念式典を開催した。一方、沖縄では抗議集会として「4・28『屈辱の日』沖縄大会」が宜野湾市で開かれ、1万人余（主催者発表）が参加した。

# 琉大事件

## 〈暗黒時代〉の琉大生退学処分

1953年4月
1956年6月

米軍統治下の〈暗黒時代〉といわれる1950年代に米軍の圧力で琉球大学の学生を退学処分した事件。1953年と1956年の2度に渡って起こった。

### ■背後に米軍の圧力

琉球大学は1950年5月に沖縄初の大学として開学した。大学理事会が米民政府の監督下に置かれたため「布令大学」とも呼ばれた（日本復帰以降、国立大学となる）。

第1次の琉大事件は、1953（昭和28）年4月、学内の「待遇改善」「民主化」要求を掲げて運動した学生運動のリーダー4人に大学側が謹慎処分を命じたことで表面化した。それはクラブ機関紙「自由」の発刊、灯火管制への抵抗、原爆展開催などの問題を理由とする処分であった。これに対し学生側は、同年5月1日の第2回メーデーに参加し、大学側の不当処分を訴えて琉大学長ならびに副学長の免職を含む決議を採択させた。大学側はメーデーにおける学生の発言を〈不穏当な言動〉として非難、学生側の行動を「過激極まる行動」として退学処分に付した。

第2次琉大事件は、1956（昭和31）年6月、プライス勧告に端を発する島ぐるみ闘争が高まるなかで起きた。琉球大学学生会は6月、臨時学生総会を開き、軍用地問題連絡協議会への加盟を決定したほか、学内にプライス勧告阻止特別委員会を設置した。さらに、那覇地区住民大会・四原則貫徹県民大会にも参加するなど、学生会の学外での動きは活発化した。

土地闘争の高揚に危機感を抱いた米民政府は、その対抗策の一環として8月9日、琉大への援助打ち切りを通告した。それは琉大生が共産主義に同調する反米デモに参加し、反米行動をしているとの理由だった。大学当局は、援助再開を求めるため、米国民政府の干渉・圧力を背景に、学生指導者など7人に退学・謹慎処分を命じた。

■51年ぶりに名誉回復措置

両事件は大学の自治の歴史に大きな禍根を残した。2007(平成19)年、琉球大学は、第2次琉大事件が「不当処分」であったことを認め、謝罪とともに「特別修了証書」の授与などを決めた。51年ぶりの名誉回復であった。しかし先に処分された第1次琉大事件の学生については、まだ処分は撤回されていない。

第2回メーデーの市中デモ＝1953年

56

51年ぶりの名誉回復となった元琉大生たち＝2007年

57

# 由美子ちゃん殺害事件

## 米兵犯罪に住民ら初の米軍抗議

1955年9月3日

沖縄がアメリカの占領下にあった1955（昭和30）年、嘉手納村（当時）で発生した米兵による幼児強姦殺人事件である。9月3日、石川市に住む6歳の幼児が暴行・殺害され、翌日、嘉手納村兼久の米軍部隊塵捨て場近くの原野で死体となって発見された。

### ■米軍と琉球警察の合同捜査

米軍捜査当局（CID）は、幼児暴行殺人事件としてこの事件を重視し、これまでに例を見ない米軍と琉球警察による合同捜査に踏み切った。事件発生から2日後に嘉手納基地第22高射砲大隊所属の軍曹（31歳）が検挙された

終戦から10年間、米軍占領下で起こった事件・事故に、住民は幾度となく泣き寝入りさせられてきた。しかしこの事件は、その残虐性や非人間性から当時の沖縄社会を震憾させ、米兵犯罪に対する住民の怒りが大衆レベルではっきり示され、米軍当局に抗議の矛先が向けられた最初の事件となった。

### ■全県規模の抗議続く

そのころは米軍による軍用地接収をめぐる島ぐるみ闘争が高まっていたころでもあり、激しい抗議運動が繰り広げられることになる。さらに同事件の数日後には、具志川村の農家宅に米兵が押し入って小学2年生の少女を拉致、強姦するという事件も発生した。一向に改善されることのない連続事件に危機感を募らせ、全県規模の沖縄子どもを守る会（会長・屋良朝苗）が結成された。また、16日に石川市で開催された住民大会では、公正な裁判を求める声明が発表され、石川・越来・前原・北谷・嘉手納・宜野湾・ペリー・与那原など基地の街で「由美子ちゃん事件と子どもを守る大会」を開催して世論を盛りあげた。一方、各地域や教職員会、PTAなども抗議の声を

上げた。事件から約2週間後には「由美子ちゃん事件教職員大会」が開かれ、情状の余地なく極刑をもって処罰すること、裁判を沖縄住民に公開すること、沖縄人に関する事件は民裁判に移してもらうことを決議している。

立法院（琉球政府の立法機関）でも「幼女殺人、暴行、誘拐事件裁判の公開並びに過去における軍事裁判の全貌公表に対する立法院要望決議」を14日に可決している。その中で、犯行を「鬼畜にも劣る残虐極まりない凶悪な行為であって、文明社会の名誉を傷つけたものであり、天地・人の共に許し難いものである」と断じた。

## ■犯人減刑、うやむやに

米軍捜査当局はハート軍曹を殺人・強姦・幼女誘拐の3件で告発し、軍事法廷で公開裁判にかけた。11月21日から始まった裁判は公判や現場検証を重ね、12月6日には死刑判決が下された。しかし、後に減刑され、その後本国送還となり、結局はうやむやにされた。

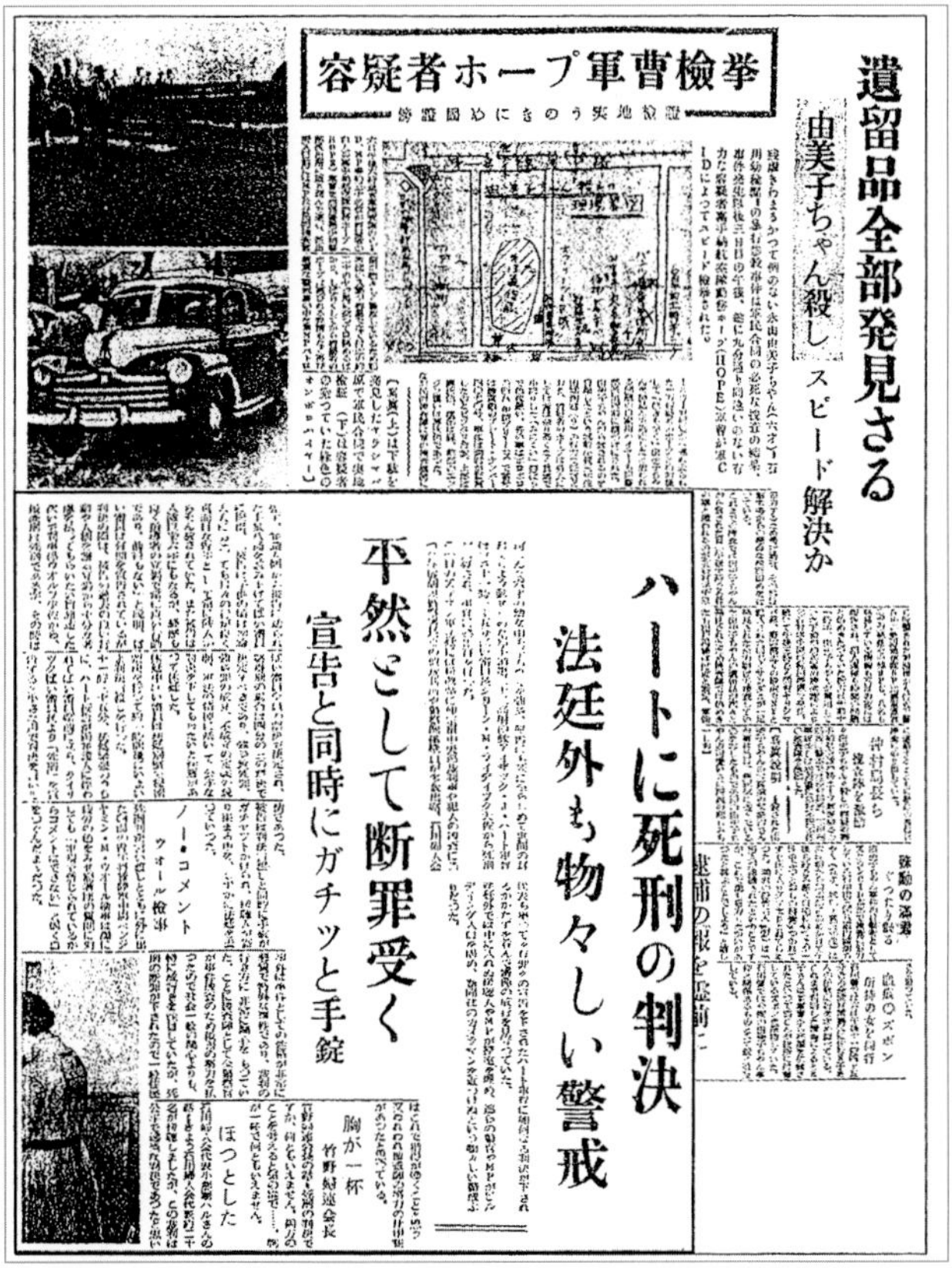
遺留品全部発見さる
由美子ちゃん殺し スピード解決か
容疑者ホープ軍曹検挙
ハートに死刑の判決
法廷外も物々しい警戒
平然として断罪受く
宣告と同時にガチッと手錠
ノー・コメント
ウォール検事
胸が一杯
ほっとした

由美子ちゃん事件を伝える琉球新報＝1955年

58

# 人民党事件

## 米軍による政党弾圧

人民党事件とは、1954年に起きた沖縄の政党「沖縄人民党」に対する弾圧事件のことである。

### ■党員30人逮捕

米軍の退島命令を拒否して地下に潜行した党員を匿ったとして犯人隠匿幇助罪などの罪で書記長瀬長亀次郎ら幹部2人と党員28人が逮捕された。中心人物とされた瀬長亀次郎の名をとって、瀬長事件ともいう。

米民政府は、1947〈昭和22〉年7月に結成された沖縄人民党を共産主義政党として、機関誌「人民文化」の発行停止処分など、たびたび弾圧を加える強硬策で臨んでいた。党員の活動を阻止するため1954年7月15日に前年に日本復帰した奄美群島出身の人民党員林義巳と畠義基の2人に対して域外退去命令を出した。これ反発した2人は、17日から姿をくらまし地下に潜行した。約40日後の8月27日、畠は豊見城村で逮捕され、林はひそかに沖縄を脱出した。

なおも人民党への弾圧をはかる米民政府は同年8月30日、ライカムG2(GHQの参謀二部)が入手した「日本共産党の対琉要綱」を公表し、人民党の行動がこれに符合すると指摘して圧力を強めた。これによって人民党内では内部抗争が表面化し、瀬長亀次郎執行部に不満をもつ党員が多数脱退した。

### ■強まる反米闘争

米民政府は、2人を匿っていたとして同年10月6日、当時の党委員長で立法院議員だった瀬長亀次郎ら党幹部を逮捕した。この逮捕で内外とも厳しい局面に立たされた人民党はさらに窮地に追い込まれた。全琉で唯一の人民党村長として話題をまいた豊見城村長又吉一郎と、党書記長瀬長が犯人隠匿幇助罪などで逮捕された後、出版物の布令違反などにより党員28人が逮捕された。この大量逮捕で同党はますます窮地に追い込まれた。米民政府裁判所は裁判の結果、同年10月21日にそれぞれ懲役2年と1年の実刑判決を下して又吉と瀬長の両名を沖縄刑務所へ収監、それに伴ない瀬長の立法院議員の資格を剥奪している。

一方、出版物の布令違反に問われていた大湾喜三郎は無罪釈放され、大湾と島袋嘉順らが中心になって臨時指導部を設置し、党再建にあたることになる。米民政府はその後も種々の弾圧を加えたが、人民党は逆に党員の結束を固め、反米闘争を強化させた。

２年の実刑を終え、沖縄刑務所から出所。出迎えの人々に手を振る瀬長亀次郎＝1956年４月９日　59

■抵抗運動の指導者

瀬長亀次郎は、1907（明治40）年6月10日生まれの政治家。没年2001（平成13）年10月5日。衆議院議員（7期）、那覇市長（1期）、立法院議員（3期）、沖縄人民党委員長、日本共産党幹部会副委員長を歴任する。太平洋戦争後の米軍占領下の沖縄で沖縄人民党を組織し、圧制に対する抵抗運動を指導した。沖縄県豊見城村（現、豊見城市）出身。

# 高等弁務官

## 全権を握った最高権力者

正式には琉球列島高等弁務官（High Commissioner of the Ryukyu Island）。１９７２年５月15日に沖縄が日本復帰するまで、軍事、司法、立法、行政の全権を握る沖縄における最高権力者だった。

１９５０年12月、琉球軍政府を琉球列島米国民政府（ＵＳＣＡＲ）と改称。実質的に沖縄を統治していた軍政副長官は民政副長官になった。１９５７年６月、米大統領が「琉球列島の管理に関する行政命令」を発表、高等弁務官制度を実施することになり、７月、当時民政副長官だったジェームス・Ｅ・ムーア中将が初代の高等弁務官となった。復帰まで６人が高等弁務官となったが、いずれもアメリカ合衆国大統領の承認を得て、国防長官が現役のアメリカ陸軍将官から任命した。沖縄各地を視察し、公民館建設など弁務官資金を施したこともあった。

職務権限として①行政主席や琉球上訴裁判官の任命権②琉球政府職員の任命権③立法院が制定する立法の拒否権④琉球民裁判所が扱う訴訟の

具志川村を視察するブース高等弁務官＝1960年、具志川村



60

立法院第23回議会で演説するキャラウェイ高等弁務官（左）＝1963年2月1日

61

62

製缶工場を視察するキャラウェイ＝1963年

米国民政府裁判所への移送権⑤収監された受刑者への恩赦権。

## ■瀬長亀次郎那覇市長を追放

初代高等弁務官ムーアの時代（1955年2月～57年6月までは民政副長官、57年7月～58年4月）は、土地強制収用問題、軍用地一括払い反対の島ぐるみ闘争、〝赤い市長〟といわれた瀬長亀次郎那覇市長の追放など、戦後史の中で〝暗黒時代〟といわれた。2代目がドナルド・P・ブース（1958年5月～61年2月）。ブースは、米琉協力を強調した。米琉合同経済財政諮問委員会の設置、琉球開発金融公社の設立、銀行経営の改善、米国の対沖縄援助の増大、日本政府の技術援助の受け入れなど、次々と新しい政策を打ち出した。

## ■「自治は神話である」と演説

3代目がポール・W・キャラウェイ（1961年2月〜64年7月）。1963年3月5日、「金門クラブ」の月例会でキャラウェイは「自治は神話である」という演説をして驚かせた。当時の行政府、立法院、裁判所の能率の低さを批判し、将来の琉球政府への自治権委譲に後ろ向きの姿勢を示したものといわれる。この発言は東京のライシャワー米大使

63

沖縄の自治拡大に逆行するとして、「サンマ事件」「友利事件」の裁判移送命令撤去を求める県民大会＝1966年

自由貿易地域内で双眼鏡の製造過程を視察するアンガー高等弁務官＝1968年9月19日

64

与那原町の視察で住民からの出迎えを受けるランパート高等弁務官。隣りは通訳のサンキ氏

65

を激怒させ、更迭の原因にもなった。銀行、保険会社など金融機関はかたっぱしから捜査機関の手入れを受けた。この一連の強権発動政策は〝キャラウェイ旋風〟と呼ばれた。一方でハンセン病施設の改築に尽力したほか、南北大東島の所有権問題では、所有権を会社から住民へ譲渡させた。

4代目がアルバート・ワトソン2世（1964年8月〜66年10月）。ワトソンは、沖縄へ赴任する前にワシントン政府から復帰問題について説明を受けた。上司の陸軍長官から与えられた訓令は「できるだけ復帰の実現を遅らせよ」だった。1965年8月、佐藤栄作総理が沖縄を訪問した際、デモ隊が路上に座り込み、総理一行は東急ホテルに戻れず、米軍基地内に泊まる騒ぎになった。また、1966年6月、琉球上訴裁判所で審理中の「第二サンマ事件」「友利事件」に対し、米民政府裁判所へ移送命令を出した。高等弁務官の出す布令を無効とした判決に激怒した。

5代目がフェルデナンド・T・アンガー（1966年11月〜69年1月）。就任式で、沖縄側から招かれた平良修牧師が「新高等弁務官が最後の高等弁務官になってほしい」との祈りを捧げ、アンガーを驚かせた。復帰のプロセスをスムーズにするために主席公選は避けられず、アンガーは1968年2月、主席公選を発表。11月実施の選挙では、屋良朝苗（教職員会長）が保守の西銘順治（那覇市長）を破って当選した。最後の高等弁務官はジェームス・B・ランパート（1969年1月〜1972年5月）。在任中、軍事基地の円滑な運用に努めるとともに、復帰準備を推進した。

# 宮森小学校米軍機墜落事故

## 児童を襲った爆風と炎

1959年6月30日

事故では多くの死傷者が出た
＝1959年6月30日 66

事故現場では火災が発生
＝1959年6月30日 67

### ■パイロットは脱出

１９５９年６月30日午前10時40分ごろ、嘉手納基地を離陸した米空軍Ｆ１００ジェット戦闘機（乗員１人）がエンジントラブルを起こし、操縦不能となった。パイロットは空中で脱出したが、ジェット機は墜落、民

米軍機墜落の被害を受けた教室＝1959年6月30日　68

家を押しつぶしながら炎上、宮森小学校に激突した。

事故当時、2時間目終了後のミルク給食の時間で、ほぼ全児童が校舎内にいた。学校には、児童、教職員合わせて約千人がいた。特に直撃を受けた2年生の教室の被害が大きく、火だるまになった児童らは水飲み場まで走り、そのまま次々と息絶えたという。2年生の3教室は全焼し、2年3組は6人がなくなった。

## ■死者17人、重軽傷者210人

事故による火災は1時間後に鎮火したが、死者17人（うち小学生11人）、重軽傷者210人（児童156人）。校舎3棟、民家17棟、公民館1棟が全焼。校舎2棟、民家8棟が半焼した。

事故直後から沖縄では反米感情が高まった。米軍による土地接収が強行されていただけに激しい抗議活動が展開され、補償要求も行われた。米軍は、事故の補償として総額11万9066ドルを支払った。死者は4500ドル、重傷者は障害に応じて支払われた。この額は要求の1割程度だった。

宮森小学校の中庭には「仲良し地蔵」が設置され、毎年6月30日には児童らによる追悼式が行われている。2008年4月、宮森小学校へ赴任した平良嘉男校長は、最も犠牲の多かった2年生の中で助かった一人である。

## ■永遠に事故の悲惨さを伝える

事故から50年たった2009年6月30日、全校児童、遺族、仲井真知事らが出席して「仲良し地蔵」に献花、平良校長は「50年経っても決して忘れることはできません。命と平和の尊さを全国に訴えましょう」と

事故ではトタン屋根校舎が全焼。消火にあたる米軍関係者＝1959年6月30日

あいさつした。また、亡くなった児童の写真、当時の記録を展示した宮森630館も開館した。

2012年12月、映画「ひまわり～沖縄は忘れない、あの日の空を～」も完成し、翌年から全国各地で巡回上映された。

タンカで運ばれる児童＝1959年６月30日　70

この事故のほかに住民が死傷した主な米軍機墜落事故は次の通り。（復帰まで、米兵だけが死亡した墜落事故は除いた）

1950年　8月　読谷村で米軍機の補助燃料タンクが落下し、住民1人死亡

同　10月　那覇市で補助燃料タンクが落下し、住民6人死亡

1961年　12月　具志川村川崎にジェット機が墜落、住民2人死亡、4人負傷

1962年　12月　嘉手納基地に着陸しようとした空中給油機が滑走路近くの民家に墜落、住民2人死亡、乗員5人死亡

1966年　5月　嘉手納基地を飛び立った空中給油機が道路に墜落、走行中の民間車両を巻き込んで、運転手1人死亡、乗員10人全員死亡

1969年　10月　勝連村ホワイトビーチ桟橋近くの海にヘリが墜落、落下の破片で基地で働いていた日本人1人が重傷、ヘリの乗員18人のうち3人死亡

1971年　10月　読谷村でジェット練習機が墜落、住民1人負傷

# アイゼンハワー米大統領の沖縄訪問

## 抗議を受けわずか3時間の滞在

1960年6月19日

公式に沖縄を訪問した米大統領は、アメリカ合衆国第34代大統領のアイゼンハワー（愛称アイク）だけである。米軍統治下の沖縄では米軍政（米国民政府）への不満が鬱積しており、大統領歓迎の声は、県民の抗議の怒りで吹き飛んだ。抗議の渦に巻き込まれた大統領のために着剣した武装米兵も出動し、わずか3時間の滞在で沖縄を去った。１９６０年6月19日のことであった。

■極東旅行で立ち寄る

アイゼンハワー大統領は、予定より15分遅れて19日午前10時30分、嘉手納飛行場到着の特別機ボーイング７０７機で到着した。11時30分、大統領は黒の背広に茶色のハットをかぶって前方の入り口から降りた。出迎えのブース高等弁務官、大田政作琉球政府行政主席と固い握手を交わした。大統領は、式壇に立ち「琉球住民を訪問する機会を得たことは私の喜びである。私は平和と友愛と親

71

嘉手納飛行場に到着後メッセージを発するアイゼンハワー大統領＝1960年6月19日

オープンカーに乗り、沿道の住民に手を振る大統領＝1960年６月19日　72

善の使命をおびて極東を旅行中であるが、われわれ琉米双方は自由と正義をもって平和を求めることによって相互の利益をもたらしたい」とあいさつした。この後、11時40分、那覇向け嘉手納飛行場を出発した。

「アイク歓迎」でわき返る那覇署、琉球新報前から琉球政府、立法院前までの約３００メートルには、日本復帰を訴える祖国復帰協議会、民主団体、政党、労組、学生などを中心としたデモ隊が押しかけた。到着1時間前からデモ隊と琉球警察、ＭＰ、マリン兵からなる警備陣と小競り合いになった。

## ■着剣武装のマリン兵出動

事態を重視した米軍は約５００人の着剣武装のマリン兵を出動させ、警備を固めた。

大統領の訪沖は事前に公表されて

琉球政府で大田政作行政主席と会談するアイゼンハワー大統領。大田主席は援助額の増額や、施政権の返還を訴えた＝1960年6月19日

73

着剣した銃を持った警備の米兵の前で歓迎の日の丸を振る住民＝1960年６月19日、美栄橋郵便局附近

74

おり、祖国復帰協（この年4月28日発足）では、19日午前9時45分から那覇市久茂地町の広場で1万人規模（主催者発表）の大会を開催、抗議ムードはいやが上にも高まっていた。

行政府で、大統領と大田主席の会談は20分ほど行われた。大田主席は援助金の増額、海外移民の振興、講和発効前の補償処理、施政権の返還を訴えた。これに対し、大統領は「帰国してから関係者とよく検討する」と語った。会談終了後、大統領はオープン・カーで大田主席とともに行政府を出発したが、デモ隊が待ち受ける場所ではなく、裏側からハーバービュー前に出て、明治橋を通過、那覇空港へ向かった。那覇からヘリで午後1時30分、再び専用ジェット機に乗って韓国ソウル向け出発した。

前年の1959年6月、宮森小学校にジェット機が墜落、大勢の小学

オープンカーが通過する文教図書前の通り。復帰請願のデモ隊を琉球警察と米兵がおさえている＝1960年6月19日

75

生や民間人が犠牲になったが、米軍の補償は死亡者には支払われたが、大勢の負傷者は放っておかれた。そのため米大統領へ直接訴えるための請願行動が行われた。

石川ジェット機墜落事件被災者連盟と支援団体の同事件賠償促進協議会は、宮森小学校から2日がかりで那覇までデモ行進した。沿道では多くの人々が声援を送ったが、1号線（現国道58号）に出ると、警官隊や武装米兵に幾度も阻まれた。浦添村城間公民館にやっとたどり着き、翌19日朝、武装米兵をかきわけるように県民大会へ合流した。

# コザ反米騒動

## 25年の米軍政への怒り爆発

炎上した黄ナンバーの車が無惨な姿をさらすコザの通り＝1970年12月20日、コザ市

1970年12月20日

１９７０年12月20日午前1時ごろから7時半ごろにかけて、コザ市（現沖縄市）で、米兵車両が沖縄人の通行人をはねた事故処理を発端にして、米兵の車両、米軍車両への投石、ガソリン、火炎瓶による放火、さらに嘉手納基地内にも侵入して、施設に放火した。炎上した車両は75台（米軍によると約80台）、すべて米軍関係者の車両だった。

騒動に参加した住民は最大で4千人に上るといわれる。死者は出なかったが、88人（うち沖縄住民は27人）が負傷した。米軍は憲兵２５０人を出動させ鎮圧に当たった。琉球警察はコザ署員を中心に５００人が出動した。

### ■自然発生的な暴動

事件上特徴的なのは、政治党派の組織的な指導・指揮がなく、自然発生的だったこと。またそれまで米軍

76

相手の商売をしていて、反米、反基地、日本復帰運動に敵対的だったAサインバー、クラブの従業員からも逮捕者が出ている。

当時のコザ市は経済の80%を基地に依存していたが、沖縄住民の間では米軍人・軍属による犯罪と処分の軽さらくる施政者の米軍への不満が鬱積していた。米軍人・軍属の起こした犯罪は軍当局が捜査権、逮捕権、裁判権を握り、害者（米兵）は非公開の軍法会議で陪審制による評決で裁かれた。殺人、強姦、強盗などの凶悪犯罪でも証拠不十分として、無罪や微罪になった。また重罪の米兵が米国転勤でうやむやになることも多く、被害者の補償もほとんどなかった。

60年代のコザの町並み。経済の多くを米軍基地に依存していた＝1967年、コザ市

77

焼き討ちされた車両の前で警備にあたる米兵＝1970年12月20日

78

## ■騒乱罪適用されず

1963年2月、那覇市で青信号の横断歩道をわたっていた中学生が米軍車両に轢き殺されたが、米兵は無罪となった。1970年9月、糸満町で飲酒・スピード違反の米兵の車に主婦が轢き殺されたが、12月7日、軍法会議は証拠不十分として無罪判決を言い渡した。コザ騒動直前の12月19日、美里村美里中学校グラウンドで「毒ガス即時完全撤去を要求する県民大会」（糸満主婦轢殺事件無罪判決への抗議も含む）が開かれ、1万人が参加した。師走のコザの街には忘年会をする人々も大勢いた。県民大会参加者も加わって、コザの街は一触即発の気が熟していた。

事件後、米軍は10日間のコンデンショングリーン（米軍の外出禁止令）を発令し、米軍人相手の商売であるコザ市に経済的圧力を加えた。また事件翌日の21日には基地従業員300人の解雇が通告された。車両を燃やされた米兵らの中には、補償しなければ沖縄人の車を焼いて報復すると騒いだのもいて、米軍はワシントンの許可を得て、平均1台につき、4百～5百ドル支払った。

騒乱罪容疑でコザ署は地検へ事件送致した。事件当時逮捕された者のほか、その後の捜査で逮捕された者は82人（うち少年14人）を数えた。しかし、騒乱罪の適用は見送られ、ビンにガソリンを詰めて火炎瓶20本を作ったとしてコックら10人が凶器準備集合罪などで那覇地裁コザ支部に起訴された。少年3人が家裁に送られたほかは、不起訴処分となった。5年後の1975年6月、被告4人に有罪判決が下だり、高裁へ控訴したが、翌年3月、高裁は控訴を棄却した。

# Ⅲ 日本復帰前後

# 毒ガス移送

## 沖縄に毒ガスがあった

79

80

知花弾薬庫（上）と貯蔵されていた毒ガスのマスタード・ガス＝1971年1月

美里村の知花弾薬庫（現・沖縄市嘉手納弾薬庫）内の「レッドハットエリア」で致死性のVXガスの放出事故が起き、米軍人ら24人が病院へ収容された、と1969年7月18日付ウォール・ストリート・ジャーナル紙が報じた。事故が起きたのは7月8日。米軍当局は極秘扱いにしたが、医療関係者の一人が米国内の家族へ知らせたことから、新聞社に通報され明らかになった。

知花弾薬庫周辺では、以前から皮膚の炎症、目の痛みを訴える人がいたほか、植物が枯れる事例が報告されたが、米軍当局は無視した。しかし、新聞報道で暴露され米軍当局は毒ガス兵器があることを認めた。毒ガス報道は、県民に不安を与え、さらに米軍への怒りが高まった。

毒ガス即時撤去要求の県民総決起大会＝1970年5月23日

81

第１次毒ガス移送で、民間地域を通り毒ガスを搬送する米軍のトレーラー＝1971年１月

82

## ■致死性高い、と米軍が認める

当時の琉球政府主席は公選で選ばれた屋良朝苗。ワシントン発共同で毒ガス事故を報じた新聞を見て、「B52（爆撃機）、核兵器メースB、そのうえ毒ガスまで。沖縄は地上最悪の基地ではないか」と愕然とした。米民政府にランパート高等弁務官を訪ね、真相究明と即時撤去を求めた。

ランパート高等弁務官は、負傷者は軽傷であり、民間人には影響はない、と事故の内容を屋良主席に伝えたが、米国防総省は沖縄で貯蔵されている毒ガスはマスタード・ガス、サリンなど致死性の高いものであると認めた。貯蔵量は1万3243トン。米国以外では沖縄のみに配備されていることが分かり、県民に衝撃を与えた。各種団体は相次いで抗議声明を出し、立法院は「毒ガス兵器

毒ガス移送の際に、ガスもれ検知用に使われたウサギ（米陸軍撮影）＝1971年、知花弾薬庫

83

毒ガス移送作戦「レッド・ハット作戦」を見守る、屋良朝苗琉球政府主席（左）とランパート高等弁務官（中央）＝1971年1月、天願桟橋

84

の撤去要求決議」を全会一致で採択。各市町村議会も撤去要求を決議した。1970年5月23日、毒ガス撤去要求県民大会（復帰協主催、1万人参加）が美里村で開かれた。

## ■中部の86校が臨時休校

米軍はハワイ諸島の西方約1400キロにある米国領ジョンストン島に移すことを決めた。毒ガス移送は「レッドハット作戦」と呼ばれ、1971年の2回にわたり実施された。ガスもれ検知にはウサギが使われた。撤去ルートは、知花弾薬庫から東海岸の具志川市（現うるま市）の天願桟橋までの約11キロ。1月13日実施された第一次移送はマスタードガス150トン。移送ルート周辺の住民約5千人が集団避難し、北美小学校など中部の86校の小中高校が臨時休校した。

住民が避難したなかを、毒ガスを積んだトレーラー5台が知花弾薬庫を出発した。前後をMPカー、救急車、化学消防車など車両8台、空からはヘリコプター1機が警戒するものものしさだった。約30分かかって天願桟橋に着いた。

第2次移送は7月15日から9月9

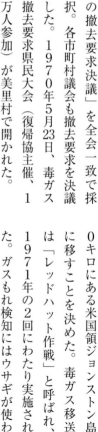

日までの間、サリン、VXガスなど。住宅地をできるだけ避けるルートに変更したが、付近住民は自主的に避難し、不安と恐怖の中、不便な生活を強いられた。

毒ガス移送に米軍が使う道路建設の費用20万ドルを日本政府が肩代わりしたことに当時の屋良主席は「米軍が勝手に持ち込んだ毒ガス撤去は米軍の責任なのに筋が通らない」と抗議したが、日米の裏取引は機密扱いにされた。

このほか、「レッドハット作戦」の1年後の1972年、猛毒の枯れ葉剤の一種「オレンジ剤」ドラム缶25000個(総量5200キロリットル)をジョンストン島に移送した。枯れ葉剤はベトナム戦争で使われたもの。未使用分がベトナムから沖縄に持ち込まれ、牧港補給基地(キャンプ・キンザー)で貯蔵されていた。

毒ガス移送ルート沿いの住民は5000人が一時避難、学校も臨時休校となった＝1971年1月
85

天願桟橋で米軍の輸送船に積み替えられる毒ガス兵器＝1971年1月、具志川市
86

# 沖縄返還

## かなわなかった「本土並み」返還

1972年5月15日

沖縄は戦後27年間、米国の施政権下（直接的に米軍支配）に置かれた。太平洋戦争敗戦後、日本は連合軍の占領下に置かれたが、1952年4月28日の対日講和条約発効により、沖縄（琉球諸島、大東諸島）や奄美諸島（1953年、日本復帰）などは、そのままにして、国際社会に復帰した。

### ■有権者の72％が即時復帰訴える

対日講和条約が米国サンフランシスコで調印されたのは、1951年9月。沖縄では対日講和条約に向けて、社大党（沖縄社会大衆党）の提唱で「日本復帰促進期成会」結成の準備が進められていた。同年4月29日、那覇市で行われた結成大会には300人が参加し、日本復帰署名運動を展開することを決めたほか、会長に兼次佐一を選任した。「即時日本復帰」の署名運動は、4カ月で19万9千人余に上った。当時の満20歳以上の人口（27万6677人）に対して72・1％を獲得した。

開南小学校で開かれた「祖国復帰県民総決起大会」＝1961年

87

膨大な署名は「一日も早く母国日本へ復帰したいわれわれの終戦以来

の悲願をかなえて下さい」という要請書とともに講和会議の日米全権、ダレス特使と吉田首相のもとに航空便で送られた。しかし、沖縄県民の悲願は、かなえられることはなかった。それ以来、条約が発効した4月28日は沖縄では「屈辱の日」として、60年代に入ると毎年のように祖国復帰大会が開催されるようになった。

米ソ冷戦、中華人民共和国成立後の極東アジア情勢下で米国は明確な意思を持って沖縄統治を強調した。「極東の緊張と脅威が続く限り」とか「沖縄が極東の平和、安全維持に不可欠な役割」があるとして、沖縄が無期限に軍事占領されることが強調された。米国は、占領当初から「琉球人は日本人ではない」と強調、民政面でも米琉親善デー、弁務官資金などで懐柔したが、非人道的な軍用地の強制接収や相次いだ米兵の事件・事故、さらに交通死亡事故を起こしても無罪判決を出すなどの人権無視の米軍統治に、沖縄では「反米」「反基地闘争」が広がり、「祖国復帰運動」として発展していった。

## ■沖縄の施政権返還で国連へ要請

自然消滅した「日本復帰期成会」に代わり、「沖縄県祖国復帰協議会」が1960年4月28日に発足した。那覇市久茂地の沖縄タイムスホールで行われた結成大会には、参加団体員約1500人のほか、会場外にも学生や一般民衆1500人がつめかけた。大会では、会則、活動方針などを決定し「悲願実現まで即時復帰を叫ぶ」と大会宣言を行った。このほか沖縄の施政権返還に関する国連への要請決議、「極東平和のためには米国の沖縄保有が必要」と国会で答弁した岸信介首相への抗議文も決議した。

1965年8月、佐藤栄作首相が来沖した。現職首相としては戦後初。来沖はワトソン高等弁務官の招きで実現した。那覇空港で「沖縄の祖国復帰が実現しない限り、わが国にとって〝戦後〟は終わっていない」

88

那覇空港でメッセージを発表する佐藤栄作首相＝1965年

とあいさつした。佐藤首相の来沖を機会に「対日平和条約第三条を破棄し沖縄返還を実現せよ」と要求する復帰協主催の「佐藤首相に対する祖国復帰要求県民総決起大会」を那覇高校グラウンドで開催、約5万人が参加した。参加者は佐藤首相らの宿舎であった東急ホテルまでデモ、ホテル前の道路を占拠したため、佐藤首相ら一行は基地内で宿泊した。沖縄の大衆運動は佐藤来沖を機に「民族路線から反戦復帰運動」へ転進したといわれる。

### ■復帰を前に「主席公選」「国政参加」も実現

琉球政府の長である「行政主席」の公選も沖縄住民の願望であった。立法院議員は直接選挙で選ばれたが、「行政主席」は高等弁務官が任命した。その後、「立法院議員の過半数による選挙」となったものの、不満は根強く、ついに１９６８年、アンガー高等弁務官は、主席公選を明言し、同年11月10日選挙が行われた。結果は「即時無条件全面返還」「核基地撤去」などを訴えた屋良朝苗（革新共闘会議）が西銘順治（自民党公認）に圧勝した。

89

国政参加選挙で当選した右から、上原康助、西銘順治、瀬長亀次郎、安里積千代の各氏。左端は屋良朝苗主席

さらに、立法院は、日本の国会へ沖縄住民代表が参加する「国政参加」を何度も要請決議した。この要請は、沖縄の復帰が日程に上った１９７０年4月、「沖縄住民の国政参加特別措置法案」として国会で可決され、11月15日選挙が行われ、衆院選（5議席）で革新側3議席、参院選（2議席）では革新候補が一位当選し、革新が完勝した。

１９６９年11月の日米首脳会談（佐藤首相、ニクソン大統領）で「72年返還」を合意した。共同声明では、日米安保条約を沖縄に完全適用することで基地機能を維持することが明らかになり、県民が念願した復帰にはほど遠いものであった。さらに１９７１年6月17日、沖縄返還協定の調印式が衛星中継で東京の首相官邸とワシントンの国務省を結んで行われた。このときは72年の返還を決めたが日にちは未定だったが、1972年1月の日米首脳会談で返還日は5月15日に決定した。

5月15日午前零時、ランパート高等弁務官を乗せた米軍機は嘉手納飛行場を離陸した。そしてこの日、那覇市民会館では、午前中は国の記念式典、午後は県主催の記念式典が行われた。さらに銀行窓口では米ドルを日本円に切り替える作業が始まった。

復帰によって新生「沖縄県」が誕生＝1972年5月15日

90

那覇市民会館で行われた復帰記念式典＝1972年5月15日

91

# 憲法手帳

## 沖縄の隠れたロングセラー本

1972年5月15日

1972年5月15日の日本復帰の日に発行されたポケット版『憲法手帳』。発行元は沖縄県憲法普及協議会で、発行所は株式会社三省堂。初版第一刷の頒価は120円だった。

### ■議員らが常用したポケット版

当時、保守・革新を問わず、沖縄の議員たちが胸ポケットに携帯し、日本国憲法をことあるごとに確認したエピソードが伝えられている。

憲法普及協は、戦争体験の教訓と「平和憲法」の精神を遵守することを目的に設立された。日本復帰が現実化するなかで、復帰運動の中心的役割を担ってきた沖縄県祖国復帰協議会参加の団体を母体に、復帰直前の4月24日に結成された。初代会長は安里源秀（元琉大学長）。「憲法運動」を提唱した平良良松那覇市長らの提言を受けて、「憲法遵守」の精神を打ち出したものだが、いくつかの自治体からも支援をうけた全国でもユニークな組織となっている。

憲法普及協の生みの親の一人であり、2代目会長として育ての親の役割を発揮した平良良松（当時・那覇市長）は、手帳発行に際して「憲法手帳をかざして進もう」と題する序文をしたためている。「戦争を否定し、国民に最低限度の文化生活を保障しているはずの憲法が、すでに戦争をめざし、自然破壊と対外侵略を志向する、支配思想に利用されようとしている」。こうした状況に対して「反戦平和、県民福祉、市民生活の細部と結びついた憲法精神を対置して、憲法の命をよみがえらせなければならない」「五月一五日は、その第一歩をしるす日である。私は、那覇市民とともに、憲法を守り、憲法を実践するための、新たな「復帰運動」をこの憲法手帳をかざして開始する」とうたった。

## ■初志受け継ぐ憲法普及協

ポケット版「憲法手帳」は、1988年に『憲法手帳（わたしの憲法手帳―いきいき沖縄ライフ―）』（沖縄県憲法普及協会発行）と書名を変え、2011年5月3日現在、4版（発行部数約3万部）を重ねている。憲法の条文を沖縄の事例に即して解説したもので、「沖縄の隠れたロングセラー」とも称されている。

なお、憲法普及協は、現会長の高良鉄美（現琉大法科大学院教授・憲法学）の下で初志精神を受け継いで憲法遵守の運動を継続している。

沖縄の隠れたロングセラーとなっている「憲法手帳」

主役はだれ？

第一条【天皇の地位・国民主権】
天皇は、日本国の象徴であり日本国民統合の象徴であつて、この地位は、主権の存する日本国民の総意に基く。
第二条【皇位の継承】
皇位は、世襲のものであつて、国会の議決した皇室典範の定めるところにより、これを継承する。
第三条【天皇の国事行為に対する内閣の助言と承認】
天皇の国事に関するすべての行為には、内閣の助言と承認を必要とし、内閣が、その責任を負ふ。
第四条【天皇の権能の限界、天皇の国事行為の委任】
① 天皇は、この憲法の定める国事に関する行為のみを行ひ、国政に関する権能を有しない。

30

万人《うまんちゅ》が主役！

主役は、私たち市民（沖縄の言葉で万人と表現）。それが現代民主主義社会のモットーであり、日本国憲法が一番にうたっていることです。

「大日本帝国ハ万世一系ノ天皇之ヲ統治ス」―明治憲法にあっては、主役は天皇でした。かつての天皇は、国の政治の最高責任者、軍隊の最高指揮者であっただけではなく、生きている神（現人神《あらひとがみ》）と考えられていました。そして、軍部、官僚、財閥と結びついた天皇制によって、国民は、戦争へとかりたてられたのです。この無謀で悲惨な戦争は、沖縄戦、広島・長崎への原爆投下まで続きました。

ですから戦前のような天皇制を否定し、他の国家機関、国会や内閣と同様に、天皇の地位もまた国民の総意にもとづくことになりました。

② 天皇は、法律の定めるところにより、その国事に関する行為を委任することができる。
第五条【摂政】
皇室典範の定めるところにより摂政を置くときは、摂政は、天皇の名でその国事に関する行為を行ふ。この場合には、前条第一項の規定を準用する。
第六条【天皇の任命権】
① 天皇は、国会の指名に基いて、内閣総理大臣を任命する。
② 天皇は、内閣の指名に基いて、最高裁判所の長たる裁判官を任命する。
第七条【天皇の国事行為】
天皇は、内閣の助言と承認により、国民のために、左の国事に関する行為を行ふ。
一　憲法改正、法律、政令及び条約を公布すること。

31

# 若夏国体

## 復帰記念事業のミニ国体

1973年5月3日～6日

若夏国体は、沖縄復帰記念事業の一環としておこなわれた沖縄特別国民体育大会で、本土復帰の翌年の1973年5月3日から4日間、開催された。

### ■県下11市町24会場で実施

沖縄の若々しい初夏の息吹を表した言葉として「若夏」が用いられた。「強く・明るく・新しく」を大会スローガンに奥武山運動公園をメイン会場に、県下11市町24会場で行われた。

大会は通常の国民体育大会（国体）と違い、全国予選を行わずに各都道府県に種目と人数を割り振って選考したミニ国体で、秋季国体の5分の1の規模だった。そのため天皇・皇后杯はなく、都道府県対抗の形式を採用したものの、得点制とはせず順位のみを決める方法で競われた。

沖縄初の全国規模のスポーツ大会には、1県平均60人内外の役員・選手団、総勢3342人が参加し、日本体育協会・文部省・総理府・沖縄県が主催・運営に当たった。県選手団は、重量挙げや弓道（一般男子）、ボクシング（高校）など7種目に優勝し健闘した。

大会には天皇の臨席や自衛隊の運営協力はなかった。2種目に自衛隊チームの参加があったことから民主団体による反発を招いたが、全体的には参加する者、迎える者一体となった大会だった。県内では選手の強化策などを通して競技力の向上に一役買ったこと、県民の支援を得て認識を高めるなど、県スポーツへの貢献も大きかった。

施設面では、開催地の各市町に運動公園、陸上競技場、体育館が整備された。メイン以外の新設競技場に宜野湾市立体育館、糸満市西崎総合体育館などがある。一方、奥武山運

動公園はほとんど改修で済ませている。なお、開催を記念して建設された沖縄市陸上競技場や北谷町桑江の国道58号から沖縄市上地に繋がる県道23号線が「国体道路」として整備された。

## ■1987年に全国一巡の海邦国体

1987(昭和62)年には、復帰15周年を記念して「きらめく太陽ひろがる友情」をスローガンに、全国一巡の最後をしめくくる海邦国体(第42回国民体育大会夏季・秋季大会)が開催され、沖縄選手団が活躍した。しかし、日の丸掲揚・君が代演奏に対する反対も根強く、さまざまなしこりも残した。

沖縄で初の全国規模のスポーツ大会となった若夏国体。沖縄県選手団の入場＝1973年5月3日、奥武山陸上競技場

# ひめゆりの塔火炎瓶事件

## 皇太子夫妻に火炎瓶投げつける

1975年7月17日

1975（昭和50）年7月17日、糸満市にあるひめゆりの塔を参拝中の皇太子（現天皇）夫妻に左翼過激派2人が火炎瓶などを投げつけた事件。

### ■厳重な警備体制の裏をかく

日本復帰後、皇太子夫妻は皇族として初めて沖縄を訪れていた。ひめゆりの塔前の献花台前で説明を受けていた皇太子夫妻めがけ、壕のなかに隠れていた左翼活動家2人が火炎びんと爆竹を投げ、献花台の近くで炎上させた。幸い皇太子夫妻にけがはなかった。その直前にもひめゆりの塔へ向かう一行の車両に、国道331号線沿いの白銀病院ベランダから空きびんや角材などが投げられる事件が起きている。これは病気を装って入院していた新左翼活動家2人の犯行だった。

新左翼メンバー4人ともその場で逮捕されたが、国や県では「天皇制」問題に絡む天皇裁判として審理されることを避ける手立てを取らざるを得なかった。その結果、「ひめゆり」組が礼拝所不敬罪・火炎ビンの使用等の処分に関する法律、「白銀」組は警備の警察官への公務執行妨害の罪によって起訴された。1977年3月30日、那覇地裁は、「ひめゆり」組に2年6カ月、「白銀」組に1年6カ月の実刑判決を下した。

「国体（天皇制）護持」のための「捨て石戦」を強制された沖縄戦の悲惨な体験をもつ沖縄では、「県民感情」という表現で、天皇の戦争責任追及の声が根強く存在していた。その年の9月に初の天皇訪米を控えていたため、その代理として「復帰記念事業」の一つである沖縄国際海洋博覧会には名誉総裁という形で皇太子の沖縄入りが決められていた。皇族警護には「本土」からの派遣も含め当時としては空前の3800人の警備体制が敷かれた。同事件は、あらためて戦争責任問題の根深さを示す象徴的な事件として世論を喚起した。

■看護学徒隊をまつった「ひめゆりの塔」

南部戦跡の象徴的な施設であるひめゆりの塔は、沖縄師範学校女子部と沖縄県立第一高等女学校の生徒・職員210人を合祀する慰霊塔。1946（昭和21）年4月、摩文仁村（現糸満市）伊原に建立され、1957年に改修・再建されている。

沖縄師範女子部、第一高女の生徒たちによって編成された通称「ひめゆり学徒隊」は、軍とともに最後まで行動し、天然の洞窟を利用した第1・第2・第3外科壕などで看護活動にあたった。1945年6月18日の解散後、第1外科壕などにいた生徒たちは喜屋武・摩文仁などに避難するが、途中砲弾に倒れた。また捕虜になることを恐れ自決した者も。第3外科壕は脱出する前に、米軍にガス弾を投下され、43人の教員・生徒が最期を遂げた。壕近くの碑には、引率教官の一人であった仲宗根政善の挽歌「いはまくら　かたくもあらむ　やすらかに　ねむれとぞいのる　まなびのともは」の一首が刻まれている。

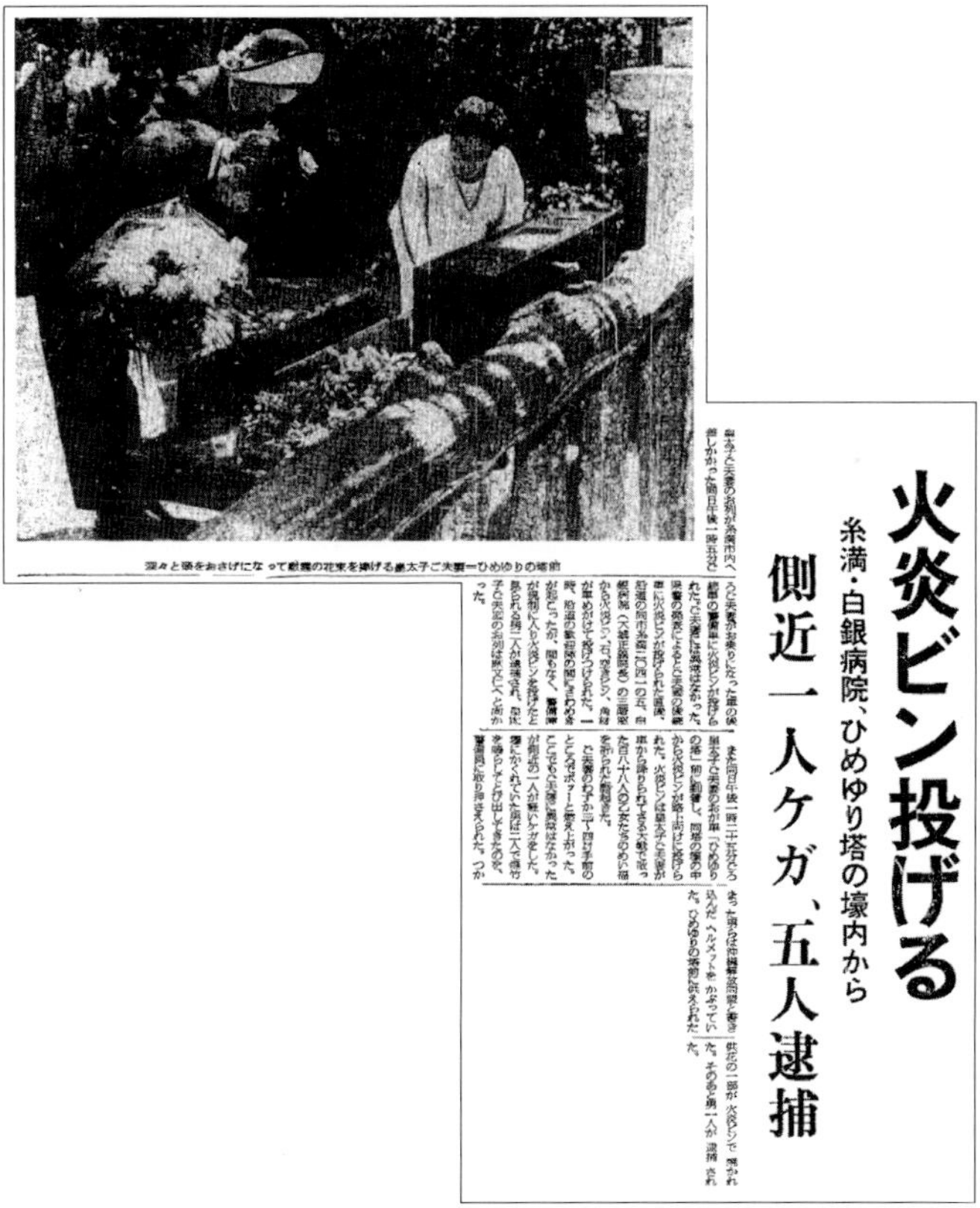


火炎瓶事件を伝える新聞記事＝1975年7月17日、琉球新報（夕刊）

93

# 海洋博

## メーンテーマ「海―その望ましい未来」

1975年7月19日～
1976年1月18日

沖縄経済の起爆剤として期待された海洋博＝1975年7月

海洋博は1975（昭和50）年7月19日から6カ月間、沖縄本島北部の本部半島で開催された沖縄国際海洋博覧会の略称。沖縄の施政権返還を祝い、沖縄の社会基盤を整備する目的で開催された復帰関連三大事業（復帰記念植樹祭1972年、若夏国体1973年、沖縄国際海洋博覧会）の一つ。

■膨大な公共工事費を投入

メーンテーマは、「海―その望ましい未来」。1972年の基本理念で「平和的な国際協力のもとに、海洋の望ましい未来を求めて、環境の保全と改善にふさわしい開発の方途を見いだすことが必要」とうたわれた。

海を含め100万㎡（陸は75万㎡）の会場に海域、船、魚、科学技術、民族と歴史の施設を配し、36カ国、3国際機関に政府、県、民間グルー

94

県庁前に設置された海洋博の残歴板＝1973年

95

プが出展した。海をテーマにした展示や催しのほかに、シンポジウムや太平洋横断ヨットレース、世界各国の伝統芸能祭など、多彩なイベントがくりひろげられ、会期中約３５０万人が訪れた。

海洋博開催にともない短期間で膨大な公共事業費が投入され、陸上交通網、空港・港湾整備、平和祈念公園などが整備された。とくに道路事業が社会にあたえた影響は大きく、北部縦貫道路、沖縄自動車道をはじめ、本部半島縦断道路や国道58号の整備・拡張は、中北部を中心とした交通の基本網を整えた。海洋博関連で海洋博記念沖縄館、海洋博記念公園、海洋博記念公園水族館が造られ、沖縄観光の目玉として現在に至っている。

「沖縄国際海洋博覧会」の名誉総裁として来沖した皇太子ご夫妻＝1975年7月　96

## ■海洋汚染など環境問題も

その一方で、海岸線の景観を大きく変え、自然環境の破壊による海洋汚染などの深刻な環境問題も引きおこした。また土地ブームがまきおこり、離島にまで広がった本土企業による土地買い占め、物価高などの問題がクローズアップされ、反対運動も起こりはじめた。

海洋博投資は「海洋博ブーム」と称されるにわか景気を引き起こしたが、予想された入場者数は、当初予想の500万人をはるかに下まわる350万人程度にとどまり、海洋博をあてこんで建設された地元の中小ホテルや民宿・土産店などは経営不振におちいった。海洋博開催中からとりわけ終了後にかけて、赤字経営や企業倒産が激増した。海洋博後は、卸・小売、建設、製造、サービスなどすべての業種にわたって企業倒産が相次ぎ、物価高と失業という海洋博後遺症をもたらした。

海洋博に投入された事業費は、公共投資2370億円、民間投資850億円の計3200億円余にものぼったといわれている。公共工事は1972年の復帰の年から3年間の短期間に総額1200億円もの巨費をともなって集中的に実施されたが、結局、大半が本土大手資本にゆだねられ、県内業者は下請の形になった。

なお、海洋博をきっかけに沖縄の観光産業は脚光を浴びるようになったが、この時期に本土の大手ホテルの進出が激増し、観光市場は本土大手資本を中心に展開していくようになった。

97

未来の海上都市として注目を集めた「アクアポリス」。海洋博の目玉施設のひとつだった＝1975年7月

中央ゲートを入ると、赤瓦の大屋根の沖縄館がすぐ目の前だった

98

# 交通方法の変更

## 730(ナナ・サン・マル)「人は右、車は左へ」

交通方法変更前の右側通行
＝1978年7月、国際通り

99

1978年7月30日

100

沖縄の日本復帰にともない1978年（昭和53）7月30日午前6時を期して交通方法が右側交通から左側交通に変わった。

■事故続発でマヒ状態

1945年の米軍占領以来、復帰後の6年を含めて33年間に及んだ「右走行」の沖縄の交通は、この日

右側通行から左側通行への変更を示すナナ・サン・マルのマーク

101
交通方法変更後の左側通行＝1978年7月、国際通り

から全国並みに「左走行」に変わった。実施の日をとって「ナナ・サン・マル」と呼ばれたが、長い間慣れ親しんだ交通方法の変更だっただけに混乱は避けられなかった。

7月29日午後10時、全県車両通行止めのサイレンとともに通行区分の切り替えがおこなわれ、7月30日午前6時に多くの県民が見守るなか、「車は左、人は右」へと交通方法が変更された。沖縄県警は県外からの応援部隊も含めて4200人の警察官を動員して夜通し交通整理とその指導にあたった。しかし交通方法変更は混乱、事故続発といった大きな騒ぎを巻き起こし、とくに那覇を中心とした都市地区は10日以上にわたってマヒ状態に陥った。実施後8月6日まで8日間の事故発生は、人身事故41件、物損事故528件、そのうちの127件がバス関係の事故だった。

### ■約400億円を投入、県経済に潤い

沖縄県の交通方法の変更は、一国一方式の国際条約（道路交通に関する条約）の遵守、および本土―沖縄間の交流が増加するなかで交通方法

ナナ・サン・マルに向けた、信号機などの取り付け工事。ほとんどが夜間作業で行なわれた＝1978年

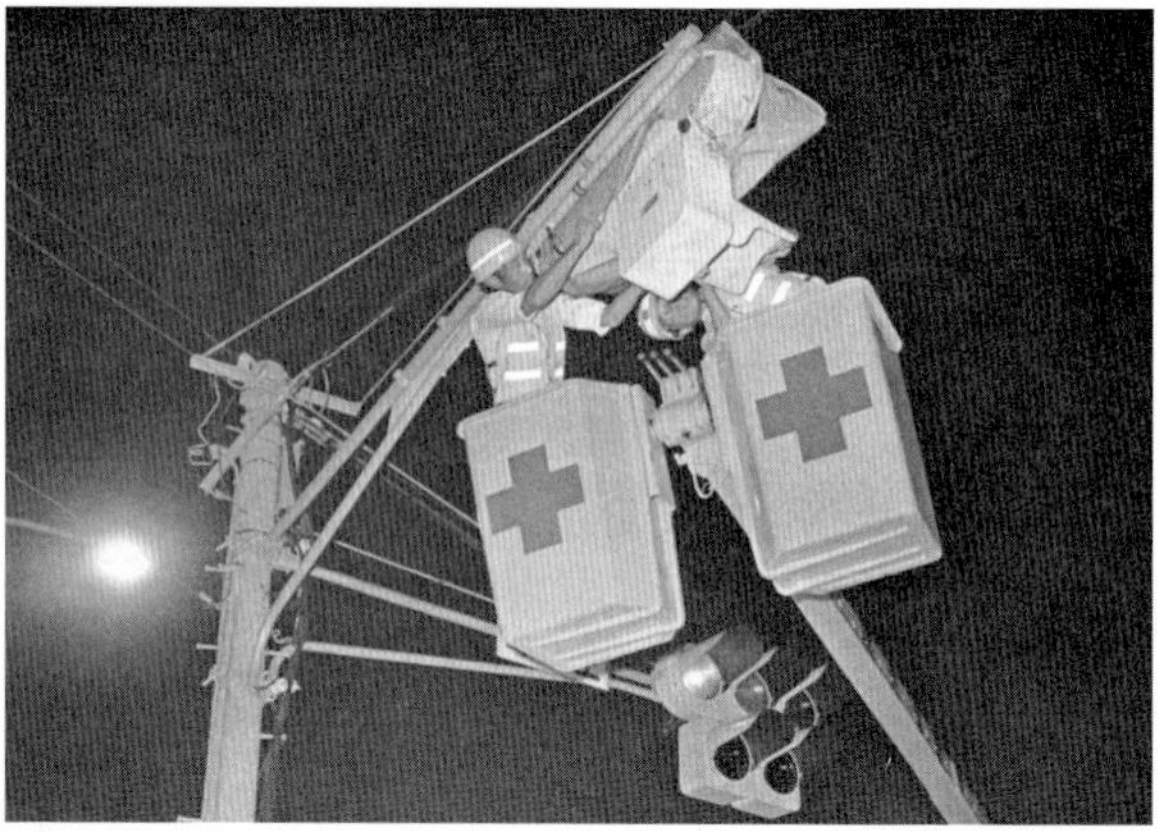

102

全国から2800人の応援の警察官が派遣された＝1978年、7月那覇新港

103

の相違による交通上の危険を防止する目的で、復帰処理事業の一つとして実施された。この交通方法の変更は、復帰による制度上の総仕上げでもあった。

## 全国から2800人の応援警察官

政府が投じた経費は、76年度の調査費2000万円を含め、78年度までの3年度で総額215億円（ほかに123億円の財政融資資金）、全国31都府県からおよそ2800人の警察官が応援で派遣された。県が要請した特別事業については、79年度から4年間で60億円が県に支出され、交通安全教育センターの設置や交通方法変更記念基金の創設などに活用された。

交通方法の変更によって、道路標識やバス停留所の建て替え、バス・タクシー車両の切り替えや施設整備などに約330億円、特別事業費を含めると約400億円もの資金が投入され、県経済に潤いをもたらした

といえる。しかし、一方では交通方法変更にともない、車の流れが変わったことによる営業損失、交通渋滞による物流の悪化などの間接的な被害も大きかった。給油所・店舗・食堂などの転業・廃業による損失補償や事故による補償はほとんどなされなかったため、一般の不満は絶えなかった。

多くの人が見守るなか、7月30日の午前6時を期して右側通行から左への変更が行なわれた＝1978年7月30日、泊高橋交差点

# 県道１０４号越え実弾砲撃訓練

## 演習阻止の「キセンバル」闘争

地域住民の安全を脅かす実弾砲撃訓練に抗議する市民団体＝1992年1月（写真：山城博明）

県道１０４号は、沖縄本島北部の金武町金武から恩納村安富祖までの全長８・３キロにわたる道路で、地域住民にとって東海岸と西海岸を結ぶ生活道路である。この道路の頭上越しに砲弾が飛びかった。24年間にわたって行われた訓練回数は１８０回、約４万４千発の砲弾が恩納岳に撃ち込まれた。

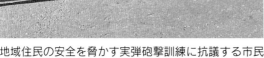

### ■地域住民の生命・生活を脅かす

キャンプ・ハンセンの金武町中川に近い砲座に据えられた大砲（１５５ミリ、１０５ミリ榴弾砲）から発射された砲弾は１０４号を越えて着弾地点の恩納岳一帯（ブート岳、ジャフム岳）に炸裂した。訓練は復帰後の１９７３年3月から始まった。訓練中は、道路が封鎖され、恩納村喜瀬武原など地域住民の安全や生活が

復帰の翌年、1973年から24年間にわたって行われた実弾砲撃訓練＝1976年10月（写真：山城博明）

脅かされた。防衛施設庁は住民の感情悪化を懸念して、１９７６年には基地周辺整備資金５億５２００万円を投入し、金武町喜瀬武原から金武町中川までの長さ5キロの迂回道路を建設した。

しかし、実弾砲撃演習がもたらす被害は、県道封鎖による住民生活への支障だけでなく、着弾地点の恩納岳一帯の自然破壊、基地外への流弾や破片の落下などの被害がみられた。また演習場の周辺には住宅、学校、ホテル、病院などがあり、危険と隣り合わせの状態であった。着弾地から1キロしかない伊芸区では砲弾が炸裂する際の騒音に悩まされた。金武町の測定では最高１０７ホンを記録した。

同訓練は県民の反基地運動の最大の標的になった。演習開始の翌年から、民主・平和団体を中心に現地抗

実弾砲撃訓練の着弾点の恩納岳一帯。砲弾によって無惨な姿をさらしている＝1989年10月（写真：山城博明）

議集会、実弾演習阻止のための山中潜入運動も展開されるようになった。着弾地の山に潜入した労働者・学生7人が刑事特別法違反で逮捕される事件も起きて、「キセンバル闘争」として有名になった。

## ■少女暴行事件を契起に本土へ移転

1995年、米兵3人による少女暴行事件が起きた。在日米軍基地の75％が集中する沖縄の過重な基地負担が日米両政府間で協議されるようになった。1996年4月の日米合同委員会（SACO）の中間報告により、実弾射撃演習の県外への移転が合意され、同年12月正式に決定された。県外での演習場はすべて陸上自衛隊の演習場で、北は北海道の矢臼別演習場から南は大分県の日出生台演習場まで5ヶ所。演習する米軍

砲撃訓練に使われる105ミリ榴弾砲を牽引する米軍のトラック＝1989年10月（写真：山城博明）

キャンプハンセン内の砲座から発射される、105ミリ砲弾＝1988年8月（写真：山城博明）

の移動には民間機や自衛隊輸送機が使われている。5ヶ所のうち毎年4ヶ所で1997年から分散実施されている。大隊レベルでは大砲12門、車両100、人員430人で、10日間ほど。中隊レベルでは大砲6門、60両、250人。移転先の周辺自治体には「特別防衛施設周辺整備調整交付金」が支払われた。

# 不発弾処理・事故

## 3月2日は「不発弾根絶を祈念する日」

沖縄戦では、鉄の暴風と呼ばれるほどの砲弾が落とされ、埋もれた砲弾が不発弾となった＝1945年

沖縄戦では、日米双方の砲爆撃でおびただしい砲弾が飛びかい、人々を殺傷したほか、建築物や自然を破壊した。特に物量に勝った米軍の砲爆撃はすさまじく、山野に埋もれ残った砲弾は不発弾として、戦後の沖縄社会に大きな影響を及ぼした。

沖合に碇泊した艦船から地上に発射された艦砲弾（5インチ砲弾など）は、70年経った現在でも中南部一帯から不発弾として見つかっている。ほとんどが米国製だが、日本製や宮古・八重山では英海軍の不発弾（艦砲弾）も見つかっている。

■完全処理までに70年

どれだけの量の不発弾が地中に埋没しているか、確実な資料はない。しかし、使用された爆弾や艦砲弾などは約20万トンに及ぶといわれている。推定ではそのうちの5％に当たる約1万トンが不発弾になった。地表面にあった不発弾は、スクラップブームなどで約3000トンが処理され、復帰の年までに米軍によって約2500トンが処理された。復帰以降は2003年までに約1600トンが処理された。約500トンは永久不発弾と見込まれ、残る約2600トンが未処理。

　2016年現在、完全処理までに約70年かかる見通しだ。

　不発弾による悲惨な事故も起きている。1948年8月、伊江島の港で不発弾を島外に運び出す作業中の米軍弾薬処理船（LCT）で爆発が起き、民間連絡船の乗客、船員、出迎えた人々など107人が死亡、70人が負傷、8家屋が全半焼した。

105

## ■爆発で4人死亡、34人負傷

　復帰後の1974年3月2日、那覇市小禄の私立幼稚園横の下水道工事現場で不発弾が爆発し、4人死亡、34人重軽傷、家屋損壊80棟、車両被害41台にのぼった。爆発した不発弾は、旧日本海軍の機雷。沖縄戦当時、

小禄の幼稚園横で起きた不発弾爆発事故＝1974年3月2日

106

小禄・豊見城一帯は海軍部隊の守備範囲で、機雷や魚雷は地雷として地中に埋められ、米軍戦車攻撃などに使われた。

県磁気探査協会は、42年後の２０１６年不発弾事故の起きた３月２日を「不発弾根絶を祈念する日」に制定した。

復帰まで沖縄の不発弾処理は米軍が行っていたが、この事故をきっかけに沖縄の不発弾処理は日本政府が戦後処理として責任をもってやることになり、陸上自衛隊内に不発弾処理班（当時、現在は第１０１不発弾処理隊）が編成され、処理に当たっている。また、沖縄不発弾対策協議会（会長・沖縄総合事務局次長）が沖縄総合事務局、自衛隊、海上保安本部、沖縄県、県警をメンバーに発足し、不発弾の処理促進に努めている。

108

107

発見された不発弾

また2009年1月には糸満市小波蔵で水道工事中のショベルカーが埋蔵不発弾の信管を叩き、爆発する事故も起きた。幸い死者は出なかった。同協議会ではこれをきっかけに民間開発地域での不発弾探査の実施徹底、効率的実施のための磁気探査機器の使用を呼びかけている。

109

不発弾処理にあたる自衛隊員

# 米兵犯罪と地位協定

## 無視される協定見直し要求

沖縄戦が終わって、生き残った沖縄県民は安堵する間もなく、米兵の犯罪にさらされることになった。ここでいう犯罪とは、性犯罪、殺人、強盗・傷害、放火などである。

**■補償なく、泣き寝入り**

占領軍兵士となった米兵らは、個人であるいは集団で傍若無人に行動した。村落では自警団を組織して犯罪を警戒したほか、警鐘用に設置された酸素ボンベを乱打して女性を逃がしたりした。

当初は補償もされず、泣き寝入り状態だったが、１９５２年４月28日、対日講和条約が発効されると、沖縄では「島ぐるみ闘争」を背景に講和条約発効前の補償要求運動が１９５５年ごろから本格化した。講和前補償は、条約の第19条（戦争請求権の放棄）で、戦争及び講和前の請求権は放棄するとなっているが、沖縄側はあきらめなかった。米軍は損害補償要求を拒否したため、琉球政府が対米請求権を放棄した日本政府に問題解決を要請し、１９５８年３月、講和発効前損失補償獲得期成会が結成され、活動を開始、米国議会が２１０４万ドルの補償法案を可決（１９６５年）し、支払いも１９６８年に終了した。

米国は１９６５年からベトナム戦争に介入した。最大時には兵力54万９５００人を派兵し、戦費１４５０億ドルを投入、死傷者35万人の犠牲を払いながら、最終的にはベトナムから撤退した（１９７５年４月）。

沖縄の米軍基地はベトナム戦争の間、後方支援基地となった。ベトナム帰休兵による凶悪な犯罪が起きた。

１９７２年５月、沖縄が日本復帰するまで、県民が被害者となった米兵犯罪は、被告の米兵は軍事法廷で裁かれたが、多くは無罪、微罪などに終わり、実刑を受けた者も帰国するありさまで、県民の怒りをかった。

１９６３年２月、那覇市で青信号

を渡っていた中学生が米兵の運転するトラックにひかれ、死亡した。軍事法廷で被告の米兵は裁かれたが、判決は無罪であった。軍事法廷とは、法廷を構成する裁判官、検事、弁護士、陪審員すべて米軍関係者であり、沖縄県民の命をどのように見たかが分かる。

## ■復帰後も繰り返される事件・事故

復帰後の米兵犯罪は、日米安保条約、日米地位協定が適用されて、米兵といえども日本の法廷で裁かれることが可能になった。しかし、問題点が多い。犯罪に関していえば、米兵の身柄を日本側は起訴するまで拘束できない。1995年9月、3人の米兵による少女暴行事件が起きたとき、米兵の身柄は米軍が確保したままだったことに、全国の地方議会で、抗議や地位協定の改定を求める決議が相次ぎ、協定の見直しの声が高まった。「地位協定の見直しを要求する県民総決起大会も95年10月に開かれた。米兵の不祥事や事故のたびに、政府は「(米軍へ)抗議と再発防止を申し入れる」とコメントするが、実効性はなく、事件・事故は繰り返されているのが実情だ。米兵犯罪は、沖縄に広大な米軍基地があり、米軍が駐留している限り、なくならない。

110

国場君轢殺事故の無罪判決に抗議する県民大会
＝1963年5月23日

## 戦後年表（本書関連項目を＊で示した）

### 1945（昭和20）年

3月26日　ニミッツ布告（米軍の沖縄占領統治宣言）
4月1日　米軍沖縄本島に上陸。布告第一号を交付、読谷村に米国海軍軍政府設置
6月23日　牛島満司令官ら摩文仁で自決
8月15日　日本無条件降伏
8月15日　石川市で沖縄諮詢会設立会議
9月7日　嘉手納の米第10軍司令部で降伏文書に調印
9月20日　沖縄16市（収容地区）で市長と市会議員選挙実施。初の婦人選挙権。

### 1946（昭和21）年

1月10日　文教学校開設
4月7日　摩文仁村伊原にひめゆりの塔建立　＊
4月26日　沖縄諮詢会解消、沖縄民政府が発足
6月5日　米軍物資の無償配給打ち切り
7月1日　米海軍から陸軍へ軍政移管
8月17日　日本本土から引き揚げ第一船入港
12月27日　米軍が「人は左、車は右」通行を指示

### 1947（昭和22）年

3月22日　米軍政府沖縄全島における昼間交通を許可
4月1日　新聞社（うるま新報）を民間企業として認可
5月1日　自動車の右側通行を定めた「自動車交通取締規則」発布　＊
6月15日　戦後最初の政党、沖縄民主同盟結成
7月20日　沖縄人民党結成　＊
8月10日　民政府公営バスがスタート

### 1948（昭和23）年

2月25日　第一次日本留学生が出発
3月15日　海外との航空郵便開始　＊
5月1日　琉球銀行創立（株の51％は米軍）
7月1日　沖縄タイムス社創立
7月1日　戦後初の正刷切手4種を発行、額面は米軍票B円　＊
7月16日　通貨、軍票B円に切り替え実施　＊
8月1日　伊江島で米軍弾薬処理船爆発。住民ら10

7人死亡、70人負傷　＊

9月27日　ハワイ同胞から寄贈の豚550頭ホワイトビーチ着

## 1949（昭和24）年

3月29日　日本本土から沖縄への旅券発行開始　＊

5月6日　トルーマン米大統領、沖縄の長期保有を正式決定

7月1日　米議会、50年予算で沖縄の軍事基地施設費5000万ドル計上。本格的基地建設始まる。

9月〜　第一次米国留学生出発

## 1950（昭和25）年

2月10日　GHQ「沖縄に恒久基地建設はじめる」と発表

4月1日　琉球郵政庁設置　＊

5月22日　琉球大学開学　第一回入学式　＊

9月17日　沖縄、宮古、八重山各群島知事選挙実施（奄美は10月22日）

10月31日　沖縄社会大衆党結成

12月8日　琉球列島米国軍政府を琉球列島米国民政府（USCAR）と改称

## 1951（昭和26）年

2月12日　琉球大学開学記念式典

4月1日　琉球臨時中央政府発足（行政主席・比嘉秀平）

4月11日　琉球諸島民政長官マッカーサー元帥解任、後任にリッジウェイ中将任命

4月29日　日本復帰促進期成会が発足　＊

9月8日　サンフランシスコで対日平和条約調印　＊

## 1952（昭和27）年

3月2日　第一回立法院議員選挙実施

3月22日　日本政府派遣の遺骨調査一行来沖　＊

4月1日　琉球政府創立式典

4月28日　サンフランシスコ平和条約が発効（沖縄の米軍支配続く）

10月19日　第7回国民体育大会（仙台）に沖縄チームがオブザーバー参加

## 1953（昭和28）年

1月15日　映画「ひめゆりの塔」県内封切り、大反響　＊

1月17日　沖縄諸島祖国復帰期成会発足。第一回祖国復帰県民総決起大会開催
4月3日　米政府布令「土地収用令」公布　＊
4月　第一次琉大事件（学生4人を退学処分）　＊
4月29日　祝祭日に限り学校での「日の丸」掲揚を許可
5月26日　ペリー艦隊来航100年を記念して同日を米琉親善日に定める　＊
12月25日　奄美大島、祖国復帰実現

## 1954（昭和29）年

2月5日　戦後初、日航機沖縄入り
3月17日　米民政府、軍用地代一括払いの方針を発表　＊
4月27日　立法院、軍用地四原則を全会一致で採択　＊
5月1日　米民政府、メーデーはマルクスの誕生日と発表
9月1日　那覇市・首里市・小禄村合併、新那覇市発足
10月1日　RBC開局
10月6日　人民党弾圧事件起こる。瀬長亀次郎ら逮捕　＊

## 1955（昭和30）年

3月11日　宜野湾村伊佐浜の強制収用始まる　＊
3月14日　伊江島での軍用地強制接収始まる　＊
9月3日　米兵による幼女暴行殺害事件（由美子ちゃん事件）起こる　＊
10月22日　人権擁護全沖縄住民大会開催
10月23日　米下院軍事委軍用地問題調査団（団長・プライス）来沖　＊
12月6日　由美子ちゃん事件の米兵に死刑判決（のち減刑され本国送還）　＊

## 1956（昭和31）年

7月28日　那覇高校で軍用地四原則貫徹県民大会開催。10数万人参加　＊
8月　第2次琉大事件（一連の土地闘争で琉大学生の行動が反米的として、米側は学生の処分を琉大当局に迫り、7人を処分。5人は本土大学へ転学、2人は復学し卒業）　＊
12月25日　瀬長亀次郎人民党委員長、那覇市長に当選

## 1957（昭和32）年

2月11日　米民政府、瀬長那覇市長の渡航申請を拒否　＊
7月4日　モーア陸軍中将、初代琉球列島高等弁務官に

10月　就任（日本復帰までに6人の高等弁務官）＊
10月　米国民政府『今日の琉球』創刊　＊
11月26日　米民政府、瀬長亀次郎を那覇市長から追放

## 1958（昭和33）年

5月1日　ブース高等弁務官就任
7月30日　ブース高等弁務官、「軍用地代の一括払い方式の放棄」を声明　＊
8月6日　原水爆禁止沖縄協議会（原水協）結成
8月8日　第40回全国高校野球大会に首里高校が戦前、戦後を通じて初出場
9月16日　通貨B円から米ドルへ切り替え実施。120B円対1ドル　＊
10月15日　守礼門復元落成

## 1959（昭和34）年

1月　米国民政府『守礼の光』創刊（最終号は1972年5月）＊
6月30日　石川市宮森小学校にジェット機墜落。死者17人、負傷者210人　＊
10月21日　ブース高等弁務官、行政主席に大田政作を任命
11月1日　OTV開局
11月7日　米軍、ナイキ試射公開

## 1960（昭和35）年

1月18日　パン給食（小、中学校）始まる
4月28日　沖縄県祖国復帰協議会結成（復帰協、屋良朝苗会長）
5月24日　沖縄各地でチリ津波被災
6月19日　アイゼンハワー米大統領が来沖。抗議の中で滞在は3時間　＊
9月1日　東京―沖縄間にジェット旅客機就航
12月10日　奥武山野球場開場

## 1961（昭和36）年

1月10日　那覇市、ホノルル市と姉妹都市宣言
1月28日　本土政府派遣医師団13名来沖。約2カ年間、本島離島の無医村で医療に従事
2月10日　ナイキ反対県民大会で主席公舎へ2千人デモ行進
2月16日　キャラウェイ中将、高等弁務官に就任

3月13日　米空軍、「沖縄にメース基地4カ所建設」を発表
4月　国費沖縄学生制度発足
6月18日　全軍労（現全駐労県本）結成
12月7日　具志川村川崎でジェット機が民家に墜落、2人死亡、6人負傷　＊

## 1962（昭和37）年

1月1日　法定祝祭日には公共建築物での日の丸掲揚許可
3月3日　米陸軍、「沖縄にミサイル・リトル・ジョンを配置」と発表
3月19日　ケネディー米大統領、沖縄新政策発表。沖縄が日本領土であることを認める
6月1日　立法院本会議、琉球船舶に日の丸掲揚要請を決議
10月14日　第9回文部大臣旗争奪全国高校弁論大会で首里高校2年の沖縄代表金城健一が優勝。
12月20日　米軍輸送機、嘉手納村の民家に墜落、7人（うち乗員5人）死亡、9人重軽傷　＊

## 1963（昭和38）年

1月1日　最低賃金制実施（時給9セント）
2月28日　国場君（中1）米軍車両に、れき殺される。（5月1日、米兵は軍事法廷で無罪）
3月5日　キャラウェイ高等弁務官が「琉球における自治は神話である」と演説、反発を呼ぶ　＊
4月28日　祖国復帰県民総決起大会（北緯27度線で初の海上集会）
6月1日　72年ぶりの異常干ばつで鹿児島県から船で飲料水救援
8月13日　夏の甲子園大会で首里が念願の1勝（対日大山形戦）
8月17日　久米島定期船「みどり丸」遭難（死者86人、行方不明26人）
11月2日　在沖米軍、ベトナム派兵開始

## 1964（昭和39）年

5月15日　復帰協、渡航制限の撤廃運動開始　＊
8月1日　ワトソン高等弁務官就任
9月7日　東京オリンピック聖火沖縄入り
9月25日　県労協結成（初代議長亀甲康吉）

## 1965（昭和40）年

4月28日　「異民族による20年支配からの脱却」をスローガンに祖国復帰要求県民総決起大会開催

6月11日　読谷村で米軍機からトレーラー落下、少女が圧死

8月19日　佐藤首相来沖「沖縄の祖国復帰が実現しない限り、戦後は終わらないと声明（※80ページ）

12月18日　米民政府「日の丸」自由掲揚を認める

## 1966（昭和41）年

7月1日　琉球大学、琉球政府に移管

7月1日　医療保険制度発足

9月5日　第2宮古島台風最大瞬間風速85・3m、気象庁観測史上最高記録

11月2日　アンガー高等弁務官就任。就任式で平良修牧師が「神よ、願わくば最後の高等弁務官たらしめよ」と祈る　＊

12月12日　琉球松を県木に指定

12月4日　イリオモテヤマネコ、西表島仲間川中流で生け捕り

## 1967（昭和42）年

2月7日　県花にデイゴ決まる

2月24日　教公二法阻止闘争が最悪事態。約2万人の教公二法阻止共闘会議の団体が一千人の警官隊と激突し、双方にけが人が出た。

7月1日　南西航空（現JTA）宮古、石垣、久米島へ就航

7月21日　大城立裕「カクテル・パーティー」芥川賞受賞

11月24日　OHK（後NHK沖縄）開局

10月12日　瀬長亀次郎11年ぶりに本土渡航許可　＊

## 1968（昭和43）年

2月27日　嘉手納総合グラウンドでB52爆撃機撤去要求県民大会、1万3千人参加

6月26日　小笠原諸島の日本復帰

8月16日　アンガー高等弁務官「基地がなくなると琉球はイモと裸足の生活に戻る」と宣言

8月20日　興南高校、甲子園準決勝進出「興南旋風」

巻き起こす
11月11日　初の主席公選で屋良朝苗当選
11月19日　嘉手納基地でB52爆撃機が爆発炎上

## 1969（昭和44）年

1月28日　ランパート高等弁務官就任
5月10日　尖閣諸島に行政標識を建立
7月18日　米紙が美里村の知花弾薬庫でのガス漏れ事故を報道　＊
7月29日　復帰協、毒ガス兵器即時撤去要求県民大会開催　＊
10月11日　72年復帰に反対する「沖縄をつくる会（会長当間重剛）」結成
11月22日　佐藤・ニクソン会談で沖縄の1972年返還が決定
12月4日　米四軍労働委員会「来年5月までに、最高2800人の軍雇用員を解雇する」と発表

## 1970（昭和45）年

1月5日　在沖米軍、軍雇用員757人に解雇通告
1月8日　全軍労、解雇撤回で48時間スト突入
5月23日　毒ガス即時撤去を要求する県民総決起大会　＊
11月15日　戦後初の国政選挙　西銘順治ほか6人当選
11月28日　県魚にグルクン（タカサゴ）選ぶ
12月11日　糸満市主婦れき殺事故で、米軍事法廷が米兵に無罪判決　＊
12月20日　コザ市で反米騒動　＊
12月31日　国頭村で米軍の実弾砲撃演習を村長ら村民が実力行使で中止に追い込む

## 1971（昭和46）年

1月8日　コザ反米騒動で10人を逮捕　＊
1月13日　毒ガス撤去（第一次移送）　＊
6月17日　「72年沖縄返還」の実現を決めた日米協定を調印　＊
7月15日〜9月9日　毒ガス撤去（第二次移送）　＊
10月9日　県民手持ちのドルを政府が1ドル対360円で補償する「通貨確認」を県内銀行で実施　＊
12月30日　沖縄復帰関連法案国会で強行採決

**1972（昭和47）年**

1月8日　日米首脳会談で沖縄返還の5月15日実施を決める　＊
1月20日　東峰夫「オキナワの少年」芥川賞受賞
4月20日　最後の琉球切手発行　＊
5月2日　史上最大の現金輸送作戦・通貨交換用540億円那覇着　＊
5月11日　米民政府解散、米軍支配に幕
5月13日　琉球政府閉庁、琉球立法院閉院
5月15日　日本復帰。沖縄県発足。政府、「沖縄復帰記念式典」を東京と沖縄で開催　＊
6月24日　1号線を国道58号に変更
6月25日　復帰後初の知事選で屋良朝苗当選

**1973（昭和48）年**

5月3日〜6日　沖縄復帰記念事業として若夏国体開催　＊
4月12日　金武ブルービーチで薬きょう拾いの老女（73）が戦車にひき殺される
3月　県道104号越え実弾砲撃訓練始まる　＊
6月25日　那覇地検、戦車れき殺事件の米兵ら「不起訴処分」
8月15日　県農業開発公社発足、農地買い占め防止へ
11月26日　那覇市前島の琉海ビル建設現場が大陥没事故
12月7日　県議会、CTS増設反対を決議

**1974（昭和49）年**

3月2日　那覇市小禄で不発弾（旧日本海軍の機雷）が爆発、4人死亡、34人重軽傷　＊
6月11日　那覇市で米軍パイプラインからガソリンが2日続けて流出　＊
10月8日　佐藤栄作元首相ノーベル平和賞受賞

**1975（昭和50）年**

4月19日　金武湾浜田海岸で米海兵隊員が2女子中学生を乱暴。身柄引き渡し拒否で、県内各界が抗議
6月11日　平和祈念資料館オープン
7月3日　沖縄海洋博記念100円硬貨発行（1億2千万枚）
7月17日　ひめゆりの塔火炎びん事件　＊
7月19日　沖縄海洋博開会（76年1月18日閉会）　＊

## 1976（昭和51）年

8月1日　海洋博跡地に国営記念公園「沖縄エメラルド・パーク」開園

9月18日　県道104号越え実射訓練で着弾地域に潜入した阻止団4人を県警は刑特法違反で逮捕　＊

10月10日　具志堅用高　J・フライ級世界チャンピオン

## 1977（昭和52）年

5月15日　復帰協、解散総会。17年の闘争史に幕

5月16日　公用地法の期限切れで「軍用地明け渡し要求県民大会」開催

## 1978（昭和53）年

7月30日　交通方法の変更。右側交通から左側交通へ　＊

10月17日　沖縄そばの呼称が認められる

10月21日　ブラジル移住70周年・沖縄県人会館落成記念式典がサンパウロ市で在伯沖縄県人会主催で開かれ、県から500人の訪問団　＊

## 参考文献（五十音順）

安里延『日本南方發展史　沖縄海洋發展史』（三省堂、一九四一）
朝日新聞社『屋良朝苗回顧録』（朝日新聞社、一九七七）
大田昌秀『沖縄の帝王　高等弁務官』（久米書房、一九八四）
「沖縄を知る事典」編集委員会『沖縄を知る事典』（日外アソシエーツ、二〇〇五）
沖縄県教育委員会『沖縄県史　第7巻・移民』（沖縄県教育委員会、一九七四）
沖縄大百科事典刊行事務局『沖縄大百科事典』（沖縄タイムス社、一九八三）
沖縄タイムス社『新沖縄文学』45号・総特集沖縄移民（沖縄タイムス社、一九八〇）
沖縄タイムス社『沖縄の証言　激動の25年誌　上』（沖縄タイムス社、一九七一）
沖縄タイムス社『沖縄の証言　激動の25年誌　下』（沖縄タイムス社、一九七三）
憲法手帳編集委員会『わたしの憲法手帳――いきいき沖縄ライフ』（沖縄県憲法普及協議会、一九九九）
新城俊昭『教養講座　琉球・沖縄史』（東洋企画印刷、二〇一四）
松田米雄『戦後沖縄のキーワード――「基地の島」の成り立ちと今』（ゆい出版、一九九八）
山﨑孝史「USCAR文書からみたAサイン制度と売春・性病規制―1970年前後の米軍風紀取締委員会議事録の検討から――」『沖縄県公文書館研究紀要』第10号（沖縄県公文書館指定管理者沖縄県文化振興会、二〇〇八年）
読谷村史編集委員会『読谷村史　第5巻「戦時記録」上巻』（読谷村役場、二〇〇二）
琉球新報社『琉球新報八十年史』（琉球新報社、一九七三）
琉球新報社『世替わり裏面史―証言にみる沖縄復帰の記録』（琉球新報社、一九八三）

**写真提供**（掲載した写真については、通し番号をふり、左記に出所を明示しました）

沖縄県公文書館
2 5 6 16 17 19 24 31 33 34 35 36 39 47 49
50 51 61 71 72 74 75 77 80 81 82 83 84 86 105

那覇市歴史博物館
3 4 7 8 10 12 13 14 32 37 38 32 40 41 42 44 45 48 53 56 110

オキナワグラフ
1 9 11 15 18 16 20 21 22 23 25 26 27 28 29 30 43 46 52
60 62 63 64 65 70 73 76 79 85 87 88 89 90 91 92 94 95 96 97 98 99
100 101 102 103 104 106 107 108 109

琉球新報社
54 55 57 58 66 67 68 69

山城博明
98～101 5点

内村千尋
59

著者紹介

**池間一武**（いけま　かずたけ）

1948年平良市西原（現宮古島市）生まれ。那覇高校、琉球大学社会学科卒。1976年琉球新報社入社。編集局、事業局、販売局を経て、中部支社長。2008年定年退職。琉球新報カルチャーセンター館長、沖縄県交通遺児育成会事務局長を歴任。現在は平和ガイド。

**復帰後世代に伝えたい**
**「アメリカ世」に沖縄が体験したこと**

2016年7月15日　第1刷発行
2022年4月22日　第3刷発行

著　者　**池間一武**
発行者　**仲村渠 理**
発行所　琉球プロジェクト
〒900-8525
沖縄県那覇市泉崎1-10-3 琉球新報本社ビル9F
TEL・FAX 098(868)1141

印　刷　新星出版株式会社
〒900-0001
沖縄県那覇市港町2-16-1
TEL 098(866)0741


ISBN978-4-908598-03-6